기도가 응답될 때

기도가 응답될 때

저자 E. M. 바운즈
역자 임종원

초판 1쇄 발행 2024. 11. 26.

발행처 도서출판 브니엘
발행인 권혁선

책임교정 조은경
책임영업 기태훈
책임편집 브니엘 디자인실

등록번호 서울 제2006-50호
등록일자 2006. 9. 11.

서울특별시 송파구 백제고분로28길 25 B101호 (05590)
마케팅부 02)421-3436
편 집 부 02)421-3487
팩시밀리 02)421-3438

ISBN 979-11-93092-30-9 03230

독자의견 02)421-3487
이 메 일 editorkhs@empal.com

북카페주소 cafe.naver.com/penielpub.cafe
인스타그램 @peniel_books

도서출판 브니엘은 독자들의 원고를 설레는 마음으로 기다리고 있습니다.
위의 이메일로 간단한 기획 내용 및 원고, 연락처 등을 보내주십시오.

도서출판 브니엘은 갓구운 빵처럼 항상 신선한 책만을 고집합니다.

기도 응답의 비밀을 풀어주는 바운즈의 인생기도서

기도가 응답될 때

E. M. 바운즈 지음 | 임종원 옮김

기도의 대가
바운즈의 인생기도서

The Reality of Player
by E. M. Bounds

브니엘

기도는 일상에서 받는 연금이다

지난 100여 년 사이에 바운즈가 기도에 관하여 쓴 책들은 기독교 고전의 반열에 올라 수많은 그리스도인이 기도의 용사로 성장하도록 자극하는 동시에 커다란 영감을 불러일으켰다. 능력 있는 저자이자 심오한 사상가인 바운즈는 마지막 19년 동안 줄곧 책을 읽고 글을 쓰고 기도하는 데 여생을 바쳤다. 그리고 오랜 세월 동안 날마다 새벽 4시에 일어나 지치지 않고 성경 연구에 몰두하기도 했다.

마치 호흡이 우리 몸에서 생생히 일어나는 현상인 것처럼 바운즈에게는 기도 역시 생생한 실재였다. 살아 있는 생물체가 반사적인 신경작용을 활용하여 호흡을 조절하는 것과 마찬가지로 바운즈는 "쉬지 말고 기도하라"는 명령을 거의 문자 그대로 받아들였다. 자신이 설교한 내용을 너무나 부지런히 구체적으로 실천했기에 바운즈 자신이 기도의 본질을 든든히 붙잡을 수 있었을 뿐만 아니라 오늘날에도 여전히 바운즈의 책들은 그리스도인들을 더욱 고상한 제자도와 활력 넘치는 기도생활로 생생하게 불러내고 있다.

성경에 등장하는 모든 진술은 기도가 하나님께 어떤 영향을 미치는지, 하나님의 은혜를 어떻게 확실히 담보하는지에 관해 우리의 믿음을 키워주려는 것이다. 그런 영향과 은혜는 다른 어떤 방법으로도 확실히 담보할 수 없으며 우리가 기도하지 않는다면 무슨 수를 쓴다고 하더라도 하나님으로부터 받을 수 없다. 성경에서 말하는 가르침에 등장하는 모든 규례는 하나님이 기도를 듣고 응답하신다는 거대한 진리를 구체적으로 예증하려는 것이다. 성경에 담긴 하나님의 거대한 목적 가운데 하나는 일시적으로든 영원토록이든 필요한 것을 구하는 일의 엄청난 중요성, 값으로 따질 수 없는 가치, 절대적인 필요성을 결코 잊지 못하도록 우리에게 강한 인상을 남기려는 것이다.

기도는 거룩한 왕의 특권이자 구속력 있는 피할 수 없는 가장 큰 의무이다. 우리를 거기에 단단히 묶어두어야 하는 의무이다. 그러나 기도는 단순한 특권 이상이며 의무 이상이다. 기도는 수단이자 도구이며 조건이다. 기도하지 않는 것은 단지 고상하고 달콤한 특권을 훈련하고 즐기지 못하는 것이 아니라 훨씬 더 많은 유익을 놓치게 되는 것이다. 기도하지 않는 것은 단순히 어떤 의무를 소홀히 여기는 것이 아니라 훨씬 더 중요한 궤도에 오르지 못하게 되는 것이다.

기도는 하나님의 도우심을 얻기 위해 정해진 조건이다. 이 조건은 우리가 죽을 만큼 간절히 하나님께 매달릴 때 성취될 수 있다. 당신의 간절함이 하나님을 움직인다.

그렇기에 이 책에서 위대한 기도의 사람 바운즈는 간절한 기도에 관하여 이렇게 강조한다. "기도는 단지 무익하고 쓸데없는 행위나 단순한 의식이나 형식이 아니라 하나님께 응답을 달라는 요청이자 무언가를 얻기 위한 탄원이며 하나님으로부터 위대한 선(善)을 찾는 것이다." 그러면서 "그리스도인은 간구함으로써 살아간다. 기도는 그리스도인에게 반드시 필요한 호흡이다. 기도는 그리스도인의 풍족한 기업이며 날마다 일상적으로 받는 연금이다"라고 덧붙인다. 그렇다. 우리의 기도는 날마다 일상적으로 받는 연금과 같은 것이다. 그러나 이 연금은 우리가 죽을 만큼 간절히 구할 때 비로소 내려지는 하나님의 은혜이다. 간절함이 없는 무미건조한 기도는 우리의 신앙을 무덤으로 만들며 더욱이 그 신앙을 죽게 만든다. 그리고 하나님의 최고 영광과 우리의 최고선은 간절한 기도를 통해 확실히 담보된다.

옮긴이 임종원

01

하나님의 부요함을
갖다 쓰라

The Reality of Prayer _ Part 1

기도(prayer)라는 말은 하나님께 나아가는 가장 크고 폭넓은 접근 방법을 일컫는다. 기도는 헌신이라는 요소를 더욱 도드라지게 만든다. 기도는 하나님과 나누는 교제이다. 기도는 하나님의 최고가 되는 기쁨이다. 기도는 하나님께 가까이 다가가는 것이다.

간구(supplication)는 더 제한적인 범위에서 더욱 강렬하게 기도하는 형태이며 개인적인 필요를 절실히 느낀 이후에야 가능하고 절박한 필요를 해결해 달라고 끈덕지게 갈구하는 것으로 제한된다. 그렇기에 간구란 절실히 필요한 것을 간절히 탄원하는 영혼의 기도방식이다.

중보(intercession)란 자기 자신으로부터 다른 사람들에게로 더 넓고 충분하게 기도를 확장시키는 것이다. 일차적으로 이것은 다른 사람들을 위해 기도하는 데만 초점을 맞추는 게 아니라 더욱 자유롭고 담대하게 어린아이 같은 확신을 갖고 기도한다는 뜻이다. 중보는 하나님께로 나아가는 영혼 속에 그분을 신뢰하는 마음이 가득하여 아무런 제한 없이 주저하지 않고 하나님께 다가가 무엇이든 마음껏 요청할 수 있다는 뜻이다. 이와 같은 마음과 확신 넘치는 신뢰는 다른 사람들을 위해 충분히 사용되어야 한다.

기도는 언제 어디서든 신뢰하는 마음으로 곧장 하나님 아버지께 나아가 요청하는 것이다. 모든 기도생활의 전형으로써 보편적이고 온전한 기도는 "하늘에 계신 아버지"를 향한 것이다. 나사로의 무덤에서 예수님은 눈을 들어 "아버지여!"라고 말씀하셨다. 대제사장의 기도(요 17장)를 하실 때도 예수님은 하늘을 우러러 "아버지여!"라고 소리 높여 외치셨다. 예수님의 모든 기도는 개인적이고 친숙한 아들로서 하나님 아버지께 부르짖는 것이었다. 또한 예수님의 기도는 땀방울이 핏방울이 될 정도로 강력하고 감동적이었다.

다음과 같은 바울의 말을 한번 들어보자. "그는 육체에 계실 때에 자기를 죽음에서 능히 구원하실 이에게 심한 통곡과 눈물로 간구와 소원을 올렸고 그의 경건하심으로 말미암아 들으심을 얻었느니라"(히 5:7). 이와 마찬가지로 성경은 곳곳에서 "구하는 것"을 기도로 설명하고 있다.

"너희 중에 누구든지 지혜가 부족하거든 모든 사람에게 후히 주시고 꾸짖지 아니하시는 하나님께 구하라. 그리하면 주시리라"
(약 1:5).

하나님께 구하고 그분으로부터 응답받는 것은 직접 하나님께로
달려가는 것이며 하나님과 곧장 연결하는 것이다. 그것이 바로 기도
이다. 요한일서 5장에서 우리는 기도에 관한 다음의 진술을 만난다.

"그를 향하여 우리가 가진 바 담대함이 이것이니 그의 뜻대로 무
엇을 구하면 들으심이라. 우리가 무엇이든지 구하는 바를 들으
시는 줄을 안즉 우리가 그에게 구한 그것을 얻은 줄을 또한 아느
니라"(요일 5:14-15).

빌립보서 4장에서는 기도에 관해 다음과 같은 말씀을 만난다.

"아무것도 염려하지 말고 다만 모든 일에 기도와 간구로 너희 구
할 것을 감사함으로 하나님께 아뢰라. 그리하면 모든 지각에 뛰
어난 하나님의 평강이 그리스도 예수 안에서 너희 마음과 생각
을 지키시리라"(빌 4:6-7).

기도에 관한 하나님의 뜻은 무엇인가? 다른 무엇보다 먼저 우리
가 기도하는 자체야말로 하나님의 뜻이다. "예수께서 제자들에게 늘

기도하고 낙심하지 말아야 한다는 뜻으로 비유를 하나 말씀하셨다"(눅 18:1, 새번역). 사도 바울은 데살로니가 사람들에게 이렇게 권고했다. "항상 기뻐하라. 쉬지 말고 기도하라. 범사에 감사하라. 이것이 그리스도 예수 안에서 너희를 향하신 하나님의 뜻이니라"(살전 5:16-18). 또한 바울은 하나님의 백성이 해야 할 일을 젊은 디모데에게 권면하면서 그중에서 가장 첫 번째가 기도라고 가르치고 있다. "그러므로 내가 첫째로 권하노니 모든 사람을 위하여 간구와 기도와 도고와 감사를 하되"(딤전 2:1).

이러한 말씀과 관련한 바울의 선포에 따르면 하나님의 뜻, 그리고 모든 사람을 향한 예수 그리스도의 구속과 중재는 모두 이처럼 기도의 문제와 지극히 중대한 관련을 맺고 있다. 이와 같은 관련성으로 바울의 사도적인 권위와 영혼 구원을 향한 갈망은 곳곳에서 기도하는 사람들이 일어나기를 바라시는 하나님의 뜻과 그리스도의 중보와 일맥상통하게 된다.

신약성경에서 기도가 얼마나 자주 언급되는지 한번 주목해보라. "쉬지 말고 기도하라"(살전 5:17). "기도를 계속하고 기도에 감사함으로 깨어 있으라"(골 4:2). "만물의 마지막이 가까이 왔으니 그러므로 너희는 정신을 차리고 근신하여 기도하라"(벧전 4:7). 그리스도께서 부르시는 호령 소리는 "깨어 기도하라"(마 26:41, 막 14:38, 눅 21:36)는 것이었다. 사람들이 기도해야 한다는 것을 하나님의 뜻으로 받아들이지 않는다면 도대체 이 말씀들은 다 무엇이란 말인가?

기도는 하나님의 뜻을 보완하기도 하고 더 효과적으로 만들기도 하며 상호 협력하도록 하여 하나님의 주권적인 통치가 그 정도와 권능에서 예수 그리스도의 속죄와 동시에 나타나도록 만든다. 영존하시는 성령님을 통해, 하나님의 은혜로 예수 그리스도는 "모든 사람을 위하여 죽음을 맛보셨다"(히 2:9 참고). 영존하시는 성령님을 통해, 하나님의 은혜로 우리는 모든 사람을 위하여 기도해야 한다.

그런데 내가 과연 하나님의 뜻에 따라 기도하고 있다는 것을 도대체 어떻게 알 수 있단 말인가? 기도하기 위한 모든 진실한 시도는 하나님의 뜻에 반응하는 것이다. 아무리 서툰 기도라도, 인간적으로 어떤 선생에게 가르침을 받지 않았더라도 하나님은 그 기도를 얼마든지 받으신다. 왜냐하면 그것이 하나님의 뜻에 순종하는 것이기 때문이다. 만약 내가 기도하라고 명하시는 하나님의 성령을 통한 영감에 순순히 나 자신을 내드린다면 그와 같은 기도의 세세한 부분과 탄원은 내가 기도하기를 원하시는 하나님의 뜻과 완벽하게 조화를 이룰 것이다.

그렇기에 기도는 전혀 사소한 일이 아니며 이기적이거나 별 볼일 없는 문제가 아니다. 또한 어떤 사람의 보잘것없는 관심사와 관련된 일도 아니다. 아무리 작은 기도라도 그 안에 온갖 말씀을 다루고 모든 이해관계를 보호하며 인간의 최대 부(富)와 하나님의 최대 선(善)을 증진시키기까지 하나님의 뜻이 이루어지는 방향으로 점점 더 넓어지게 된다. 하나님은 사람들의 기도에 지대한 관심을 갖고 계신 나머지 그 기도에 응답하겠다고 약속하셨다. 우리가 기도하면 대충 무슨 일을 행하겠다고 약속하신 게 아니라 우리가 기도하는 바로 그 일을 행하겠다고 약속하셨다.

예수님이 기도의 본질적인 특징이라고 가르쳐주신 것같이 기도는 우리 삶의 모든 관계에 영향을 미친다. 유대인들에게 제단은 기도의 상징이자 장소였다. 유대인들은 하나님을 예배하는 제단을 쌓았다. 그러나 예수님은 기도의 제단을 취하셔서 형제자매들의 예배에 그것을 쏟아 놓으셨다. 그리스도께서 얼마나 그 제단을 정화하고 확장하셨는가! 그리스도께서 얼마나 그 제단을 단순한 율법 준수의 영역에서 끌어내, 단순한 기도 행위가 아니라 사람들을 향해 열심히 나아가도록 우리를 촉진시키는 영으로 충만하게 하셨는가!

우리의 영이 사람들을 향해 나아가는 것은 기도생활을 영위할 때이다. 우리는 하나님과 화평을 누리기 전에 가능하면 먼저 다른 사람들과 더불어 화평을 누려야 한다. 사람들과 화해하는 것은 하나님과 화해하기 위한 선결조건이다. 사람들이 하나님을 받아들일 수 있기 전에 우리는 영과 말로 그 사람들을 받아들여야 한다. 형제자매들과 연합하는 것이 하나님과 연합하는 일보다 앞선다. "그러므로 예물을 제단에 드리려다가 거기서 네 형제에게 원망들을 만한 일이 있는 것이 생각나거든 예물을 제단 앞에 두고 먼저 가서 형제와 화목하고 그 후에 와서 예물을 드리라"(마 5:23-24).

기도하지 않는 삶은 불법행위이자 불협화음이며 무법천지나 마찬가지다. 하나님의 도덕적인 통치에서 기도는 자연 세계의 중력법칙만큼이나 강력하고 광범위하다. 또한 기도는 적절한 자리에서 살아갈 수 있도록 중력처럼 만물을 붙잡아 두기 위해서도 반드시 필요하다.

산상수훈의 가르침에서 기도가 상당히 많은 분량을 차지한다는 것은 예수님이 기도를 어떻게 평가하시는지, 그분의 일상에서 기도가 얼마나 중요한지를 고스란히 보여준다. 단 한두 구절에서도 상당히 많은 중요한 원리가 논의되고 있다. 또한 산상수훈은 모두 111구절로 이루어져 있는데 그중에서 18구절은 직접적으로, 다른 구절들은 간접적으로 기도를 언급하고 있다.

기도는 모든 시대와 하나님의 모든 자녀에게 중요한 경건의 원리 가운데 하나였다. 기도는 여러 가지 잡다한 임무에 착수하기 위한 기초 작업이라기보다 매우 중대하고 원초적인 임무들을 회복하고 개선하고 좀 더 영적으로 다루며 강화하기 위해 그리스도의 일에 포함된 것이었다.

기도의 여러 가지 큰 특징은 모세에게서 두드러지게 나타난다. 모세는 결코 허공을 치거나 가상의 적과 싸우지 않았다. 모세의 진지하고 열정적인 인생에서 가장 치열한 싸움은 기도였다. 모세는 매우 간절한 영혼으로 열심히 기도했다. 모세가 아무리 하나님과 친밀한 관계를 유지하였더라도 그 친밀함이 기도하지 않아도 된다는 의미는 아니었다. 이런 친밀함은 기도의 본질과 필요성을 더욱 명쾌하게 통찰하도록 도와주었으며 모세가 커다란 기도의 의무를 바라보면서 더욱 커다란 기도의 결과를 추구하도록 이끌어 주었다.

민족의 존재 자체가 자주 위태로웠던 이스라엘이 통과한 여러 위기 가운데 하나를 되돌아보면서 모세는 이렇게 추억했다. "나는 주님 앞에 여전히 밤낮 사십 일을 엎드려 있으면서 주님께 기도하여 아뢰었습니다"(신 9:25-26, 새번역). 참 놀라운 기도와 놀라운 결과이다. 모세는 놀라운 기도를 올려드리는 법을 알았으며 하나님은 놀라운 결과를 허락하는 법을 알고 계셨다.

성경에 등장하는 모든 진술은 기도가 하나님께 어떤 영향을 미치는지, 하나님의 은혜를 어떻게 확실히 담보하는지에 관해 우리의 믿음을 키워주려는 것이다. 그런 영향과 은혜는 다른 어떤 방법으로도 확실히 담보할 수 없으며 우리가 기도하지 않는다면 무슨 수를 쓴다고 하더라도 하나님으로부터 받을 수 없다. 성경의 가르침에 등장하는 모든 규례는 하나님이 기도를 듣고 응답하신다는 거대한 진리를 구체적으로 예증하려는 것이다. 성경에 담긴 하나님의 거대한 목적 가운데 하나는 일시적으로든 영원토록이든 간에 필요한 것을 구하는 일의 엄청난 중요성, 값으로 따질 수 없는 가치, 절대적인 필요성을 결코 잊지 못하도록 우리에게 강한 인상을 남기려는 것이다.

하나님은 온갖 배려로 우리를 재촉하시며 온갖 관심사로 우리에게 경고하신다. 또한 하나님은 기도에 응답하겠다고 약속하신 대로 우리의 유익을 위해 우리에게 넘겨주신 그분의 아들을 가리키고 계신다. 그러면서 하나님은 우리 아버지로서 우리를 위해 모든 것을 하실 수 있고 우리에게 모든 것을 주실 수 있는 분이며 이 세상의 아버지가 자식들에게 할 수 있거나 기꺼이 하려는 것보다 훨씬 더 많은 것을 하거나 주신다는 사실을 가르쳐주신다.

자, 이제 우리 자신에 대해 철저히 이해하고 기도라는 엄청난 일에 대해서도 명확히 이해하자. 우리가 해야 할 가장 크고 중요한 일은 기도이다. 그러므로 온 힘을 다해 바짝 고삐를 당기지 않으면 절대 그 일을 제대로 해내지 못할 것이다. 사탄은 훌륭한 기도 때문에 너무나 많은 고통을 당한 나머지, 교활하고 약삭빠르게 함정에 빠뜨리는 온갖 계략을 동원하여 기도를 제대로 실행하지 못하도록 우리를 무기력하게 만들려 애쓰고 있다.

그러므로 우리는 할 수 있는 모든 방법을 동원하여 항상 기도해야 한다. 시간적으로나 공간적으로 느슨해지는 것은 사탄에게 문을 열어주는 것이다. 정확하고 즉각적이며 흔들리지 않고, 심지어 지극히 작은 일에도 주의를 기울이면서, 악한 자와 맞서 싸우면서 스스로 버텨내야 한다.

하나님이 맹세하신 것처럼 기도는 하나님의 집에 필요한 기초가 된다. 그 맹세는 기도의 영원한 동행이자 벗이다. "사람들이 그를 위하여 항상 기도하고 종일 찬송하리로다"(시 72:15). 이것은 하나님의 명분을 진전시키는 영원한 조건이며 그 명분을 맹렬히 저돌적으로 이루게 도와준다. 우리는 언제나 하나님의 명분을 위해 기도해야 한다. 그 명분의 힘, 아름다움, 저돌성은 우리의 기도에 따라 달라진다. 그 명분의 힘은 다름 아닌 기도하는 능력에 달려 있다. 기도하는 능력 이외의 다른 어떤 곳에서도 그와 같은 힘을 찾아내지 못한다. "내 집은 만민이 기도하는 집이라 칭함을 받으리라고 하지 아니하였느냐"(막 11:17). 이 선언은 기도에 기초하고 있으며 기도라는 수단을 통해 지속된다.

기도는 거룩한 왕의 특권이자 구속력 있는 피할 수 없는 가장 큰 의무이다. 우리를 거기에 단단히 묶어두어야 하는 의무이다. 그러나 기도는 단순한 특권 이상이며 의무 이상이다. 기도는 수단이자 도구이며 조건이다. 기도하지 않는 것은 단지 고상하고 달콤한 특권을 훈련하고 즐기지 못하는 것이 아니라 훨씬 더 많은 유익을 놓치게 되는 것이다. 기도하지 않는 것은 단순히 어떤 의무를 소홀히 여기는 것이 아니라 훨씬 더 중요한 궤도에 오르지 못하게 되는 것이다.

기도는 하나님의 도우심을 얻기 위해 정해진 조건이다. 이와 같은 도우심은 하나님의 능력만큼이나 다차원적이고 무한하며 인간의 필요만큼이나 다양하고 끝없는 것이다. 기도는 하나님이 우리의 필요를 공급하시는 대로이다. 기도는 온갖 좋은 것이 하나님으로부터 인간에게 흘러나오는 통로이다. 또한 온갖 좋은 것이 사람으로부터 사람에게로 흘러 들어가는 통로이다. 하나님은 모든 그리스도인의 아버지시다. 그런 관계 속에서는 얼마든지 구하고 내주는 일이 이루어진다.

인간은 기도라는 이와 같은 거대한 일에 곧바로 더 많이 관심을 두는 존재이다. 기도에 그 관심을 활용함으로써 인간의 이성을 더욱 고상하게 만든다. 기도하는 직분과 일에 참여하는 것은 인간 이성의 가장 신성한 모습이다. 기도는 인간의 이성을 빛나게 만든다. 가장 고상한 질서를 갖춘 지성은 기도를 인정한다. 가장 많이, 가장 잘 기도하는 사람은 가장 현명한 사람이다. 기도는 경건의 학교일 뿐만 아니라 지혜의 학교이다.

기도는 그냥 만지거나 감탄하거나 바라보기만 해야 하는 그림이 아니다. 기도는 단지 아름다움, 색칠하기, 모양, 태도, 상상, 또는 천재적인 재능이 아니다. 이러한 항목에는 기도의 특징이나 행위가 포함되어 있지 않다. 기도는 단순한 시가(詩歌)나 음악이 아니다. 기도의 영감과 선율은 하늘에서 내려오는 것이다. 기도는 영에 속한 것이며 때때로 기도가 영을 소유하여 고상하고 거룩한 목적과 결단으로 나아가도록 영을 뒤흔들기도 한다.

기도의 주관적인 유익을 이야기하는 훌륭한 책은 많으며 우리는 그러한 유익을 설명해주는 얘기를 자주 들어왔다. 기도는 하나님께 영향을 끼치는 게 아니라 우리 자신에게 영향을 끼침으로써, 곧 기도하는 사람들을 위한 훈련학교가 됨으로써 어떻게 그리스도의 장성한 분량에 이를 수 있는지를 확실히 가르쳐준다. 기도는 자연스럽게 이루어지는 것이 아니라 강력하게 훈련되어야 하는 영역임을 그와 같은 스승들을 통해 깨우치게 된다. 그러므로 기도는 인내, 평온, 의존을 배우는 단순한 실행, 훈련 교관, 학교가 되어야 한다. 이 학교에서는 기도 응답을 제대로 받지 못하는 경우가 매우 소중한 스승이 된다.

이 모든 것이 아무리 그럴듯해 보이더라도, 그게 합리적으로 보일지 몰라도 성경에서는 응답받지 못하는 기도에 관한 이야기가 전혀 등장하지 않는다. 성경에서 자주 반복되는 말은 하나님은 분명히 기도에 응답하신다는 것이다. 하나님은 우리의 아버지로서 관계를 유지하신다는 것이다. 우리가 요구해야 하는 것을 요구할 때 하나님은 아버지로서 우리에게 응답을 허락하신다는 것이다. 그러므로 가장 멋진 기도는 응답받는 기도이다.

기도의 가능성과 필요성은 복음의 영원한 기초로써 아로새겨져 있다. 성부와 성자 사이의 확실한 관계, 이 두 분 사이에 선포된 언약은 그 존재의 기초로써, 복음의 진전과 성공의 조건으로써 기도를 전제하고 있다. 기도는 모든 원수를 물리치고 모든 기업을 물려받기 위한 전제 조건이다.

비록 이것이 아주 단순한 이야기처럼 들릴 수도 있지만 그것은 마치 격언처럼 자명한 진리이다. 그러나 오늘날은 이러한 성경의 격언들이 강조되고 촉구되며 되풀이되어야 하는 시대이다. 기초를 서서히 무너뜨리는 온갖 영향력, 관행, 이론 등이 온 땅을 가득 채우고 있을 뿐만 아니라 아무리 분명한 진리와 자명한 격언이라도 쉽사리 눈에 띄지 않는 교활한 공격으로 말미암아 점차 무너지고 있기 때문이다.

이보다 더 심각한 상황은 이 시대의 풍조가 겉으로 드러나는 행위를 자랑하는 과시 행진을 일삼는 것인데 이는 기도생활을 약화시키며 기도의 영을 흩뜨리게 한다. 누구든 무릎을 꿇거나 서 있으면서 겉으로 기도하는 자세를 취할 수는 있다. 물론 고개를 푹 숙이고 기도할 수도 있지만 거기에서 진지하고 참된 기도를 전혀 찾아보지 못할지도 모른다. 기도야말로 참된 일이다. 기도하는 것은 반드시 필요한 일이다. 기도는 바로 예배의 핵심을 유지하는 길이다. 기도를 과시하고 기도하는 환경을 만들고 화려하게 기도를 장식할 수도 있지만 여전히 거기에는 참된 기도가 없을 수도 있다. 그럴듯한 자세, 몸짓, 장황한 언변이 있을 수도 있지만 거기에는 아무런 기도가 없을 수도 있다.

그렇다면 도대체 누가 기도하는 가운데 하나님의 임재 속으로 제대로 들어갈 수 있단 말인가? 도대체 누가 위대하신 하나님, 온 세상의 창조자, 예수 그리스도의 아버지이자 하나님 앞으로 나아갈 수 있단 말인가? 하나님은 모든 좋은 것을 자기 손에 붙잡고 계시며 전능하셔서 무슨 일이든 다 하실 수 있는 분이 아니던가? 우리 인간이 이토록 위대하신 하나님께로 나아가기 위해서는 도대체 어떤 겸손과 어떤 진리가, 얼마나 정결한 손과 순결한 마음이 우리에게 요구된단 말인가!

우리는 성경 곳곳에서 사람들이 기도해야 한다는 것과 기도의 교훈적인 가르침에 정통해져야 한다는 사실을 깨닫게 된다. 그런데 이것은 외적인 행위를 훈련하는 학교의 문제가 아니라 내적인 영역을 다스리는 마음의 문제이다. 그것은 겉으로 드러나는 말보다는 훨씬 더 내적인 감정에 관한 것이다. 실제로 기도하는 것이야말로 기도하는 법을 배우는 가장 좋은 학교이며 기도야말로 기도하는 것에 관한 기술과 성격을 정의하는 가장 좋은 사전이다.

우리는 자꾸 무언가를 반복한다. 그러나 기도는 의례적인 관습과 기억을 통해 점점 굳어지는 단순한 습관이 아니며 반복적인 실행을 통해 단정함과 온전함이 깊어지는 가치를 점차 되풀이해야 하는 일도 아니다. 기도는 의무감을 누그러뜨리고 양심을 달래기 위해 반드시 준행해야 하는 어떤 임무가 아니다. 기도는 한가로이, 수시로, 마음대로 이용할 수 있는 단순한 특권이나 성스러운 자유도 아니며 기도를 빼먹는다고 해서 무슨 심각한 손실을 보는 것도 아니다.

기도는 하나님께 마땅히 올려드려야 할 엄숙한 섬김이며 하나님에 대한 경배이자 예배이고 하나님께 무언가를 요청하기 위해 가까이 다가가는 일이다. 기도는 하나님께 어떤 소망을 표현하는 것이며 하나님께 어떤 필요가 있다고 말씀드리는 것이다. 왜냐하면 하나님은 모든 필요를 채워주시고 모든 소망을 충족시켜 주시며, 우리 아버지로서 아무것도 부족하지 않도록 자기 자녀들이 품은 소원을 들어주는 데서 가장 큰 기쁨을 찾으시는 분이기 때문이다.

기도는 바람결이나 세상이 아니라 하나님 아버지를 향한 자녀의 요청이다. 기도는 아버지의 도움을 바라면서 내미는 자녀의 손길이다. 기도는 하나님 아버지께 귀를 기울여달라고, 마음을 열어달라고, 권능을 베풀어달라고 부르짖는 자녀의 외침이다. 그러면 하나님 아버지는 귀를 기울여 들으시고 마음으로 느끼시며 거기에서 우리를 건져주신다. 기도는 하나님의 지고지순한 목적을 추구하는 것인데 기도하지 않으면 그건 우리에게 찾아오지 않는다.

기도는 어떤 구체적인 것을 위해 하나님께 열렬히 믿음으로 부르짖는 것이다. 하나님의 법칙은 어떤 구체적인 것을 달라는 요구를 들어줌으로써 응답하는 것이다. 물론 그런 기도를 통해 다른 엄청난 선물과 은혜를 받을 수도 있다. 그러한 선물을 나르는 사람으로서 우리에게 힘, 평온함, 달콤함, 믿음이 더불어 찾아올 수도 있다. 그러나 이런 것들조차도 하나님이 기도를 듣고 응답하시기 때문에 찾아온다.

하나님의 계시는 철학적으로 미묘하고 난해한 부분이나 문자적으로 미묘한 사랑이나 사소한 일을 엄밀하게 구분하는 것에는 크게 관심이 없다. 그와 같은 계시는 다양한 관계를 드러내고 온갖 원칙을 선포하며 갖가지 의무를 강력히 주장한다. 그러한 하나님의 마음이 밝히 드러나야 하며 그러한 경험이 현실화되어야 한다. 사도 바울은 기도에 관해 밝히 드러내기 위해 매우 적절한 때에 무대로 등장했다. 여러 족장과 선지자들도 기도에 관해 너무나 잘 정의해 주었기 때문에 굳이 이런저런 사전을 뒤적일 필요가 없다. 예수님은 자신이 바로 기도의 표본이자 정의이다.

예수님은 어떤 사람도 기도하지 않은 방식으로 기도하셨다. 예수님은 기존에 알려진 것보다 훨씬 더 웅대하면서도 단순한 결과를 기대하며 더욱 고상한 기초 위에서 기도하셨다. 예수님은 자신에 대한 계시를 통해 바울에게 기도하는 법을 가르쳐주셨다. 이것은 바울에게 기도에 대한 최초의 부르심이자 기도하는 것과 관련한 최초의 교훈이었다. 사랑과 마찬가지로 기도는 영적이고 천상적인 개념이라서 이성적인 정의에 따라서는 아무리 두 팔을 크게 벌려도 모두 다 품을 수가 없다. 기도는 하늘에 속한 것이자 마음에 속한 것이지, 단지 말과 생각에만 속해 있는 것이 아니다.

기도는 어떤 인간의 보잘것없는 발명품이 아니고 실재하지 않는 질병을 단지 상상 속에서만 고쳐주는 것도 아니다. 기도는 따분한 수행과정이나 죽은, 또는 죽음을 초래하는 수행이 아니라 하나님이 인간에게 권능을 부여하는 행위이자 살아 있어서 생명을 전해주는 행위이며 기쁨 자체이자 기쁨을 주는 행위이다.

기도는 살아 있는 영혼이 하나님과 접촉하는 일이다. 기도하는 중에 하나님은 가만히 멈추어 서서 사람과 입을 맞추시고 사람을 축복하시며 하나님이 생각하시거나 인간에게 필요할지도 모르는 온갖 것으로 우리를 도와주신다.

기도는 인간의 공허함을 하나님의 충만하심으로 채우는 것이다. 기도는 인간의 가난함을 하나님의 부요함으로 채워준다. 기도는 인간의 연약함을 물리치고 하나님의 권능으로 가득 채워준다. 기도는 인간의 왜소함을 몰아내고 하나님의 위대함으로 충만하게 해준다. 기도는 인간의 중대하고 지속적인 필요를 하나님의 위대하고 지속적인 풍요로 채우기 위한 하나님의 놀라운 계획이다.

그렇다면 우리가 부르심을 받는 이와 같은 기도란 도대체 무엇이란 말인가? 기도는 단지 어떤 형식도 아니고 아이들의 놀이도 아니다. 기도는 진지하고 어려운 일이며 인간이 할 수 있는 가장 용감한 일이자 가장 강력한 일이고 또한 가장 신성한 일이다. 기도는 사람들을 현세에서 들어 올려 천상으로 연결해준다. 사람들은 기도할 때보다 더 가까이 천국으로 올라갈 수 없으며 하나님께로 나아갈 수 없다. 사람들은 기도할 때보다 더 온전히 하나님처럼 될 수 없으며, 더 깊이 예수님과 같은 마음을 품고 더 진실한 동반자의 관계로 나아갈 수 없다. 사랑, 인류애, 거룩한 혼인, 이 모든 것은 사람들에게 유용하고 친숙한 개념인데 기도로 새롭게 탄생하고 더욱 온전해지게 된다.

기도는 단순히 의무에 관한 질문이 아니라 구원에 관한 질문을 던지는 것이다. 기도의 사람이 아닌 사람이 과연 구원받을 수 있는가? 기도의 선물, 기도하고 싶어 하는 성향, 기도하는 습관 등은 모두 구원의 요소나 특징 가운데 하나가 아닌가? 예수 그리스도와 친밀하면서 기도하기 좋아하지 않을 수 있는가? 성령님을 마음속에 모시고 있으면서도 기도의 영이 없을 수 있는가? 누군가 중생했다고 하면서도 기도의 사람으로 태어나지 않을 수도 있는가? 성령의 생명과 기도의 생명이 서로 조화되거나 일치하지 않을 수도 있는가? 기도학교에서 훈련받지 않으면서도 마음속에 형제 사랑을 품을 수 있겠는가?

신약성경에는 기도와 간구라는 두 가지 종류의 기도가 있다. 기도란 그냥 일반적인 기도를 나타낸다. 간구란 더욱 강력하고 특별한 기도 형태이다. 기도와 간구라는 이 두 가지 형태의 기도는 서로 통합되어야 한다. 그런 다음에야 우리는 가장 폭넓고 달콤한 형태의 기도에 헌신하게 될 것이며 어떤 필요에 대하여 가장 뜨겁게 개인 차원에서 간구하게 될 것이다.

에베소서 6장에서 발견되는 바울의 기도 요청 목록을 보면 언제든 사탄과 대적하는 싸움을 벌일 때마다 항상 기도하라는 가르침을 받는다. 성령님은 강력한 간구를 통해 열심히 찾아야 하는 분이며, 우리의 간구는 성령님이 생명력을 불어넣으시고 조명을 비추시며 고상하게 품위를 높여주시는 에너지를 통해 채워져야 한다. 철저히 깨어 있는 것은 이처럼 강력한 기도와 맹렬한 싸움을 위해 반드시 필요한 일이다. 다른 모든 싸움과 마찬가지로 끈기는 성공적인 기도에서 매우 본질적인 요소이다. 전 세계에 널리 퍼져 있는 성도들은 우리의 기도를 통해 승리로 나아가기 위한 도움을 얻어야 한다. 사도적인 용기, 능력과 성공을 위해서는 곳곳에서 기도의 용사인 성도들을 찾아내야 한다.

기도로 도울 수 있는 사람들은 오직 깊고 진실한 비전을 품은 자들뿐이다. 요한계시록 4장 6절에는 "앞뒤에 눈들이 가득한 네 생물"이라고 묘사된 생물들이 등장한다. 눈은 보기 위한 것이다. 눈에는 선명하고 확실하고 완전한 눈빛이 있다. 눈에는 늘 깨어 있어서 주의 깊게 쳐다보는 눈길이 있다. 그 눈을 통해 봄으로써 지식의 능력을 갖추게 된다.

우리 마음의 눈이 열리는 것은 기도를 통해서다. 은혜의 신비를 명확하고 깊이 있게 아는 것은 기도를 통해서 확실히 담보된다. 이러한 살아 있는 생물들은 "앞뒤에 눈들이 가득" 달려 있었다. 생명의 가장 고상한 형태는 지능이다. 다른 영역과 마찬가지로 영적인 영역에서도 무지는 수치스럽고 수준 낮은 것이다. 기도는 우리의 눈으로 하나님을 보게 한다. 기도는 하나님을 바라보는 것이다. 기도생활은 안팎을 두루 알게 한다. 안팎으로 깨어 있어서 경계를 늦추지 않는 것이다. 안팎을 두루 파악하지 못하면 지적인 기도가 있을 수 없게 된다. 우리의 내적인 조건과 필요는 반드시 밖으로 느껴지고 알려져야 한다.

그러기 위해서는 기도가 필요하다. 그러기 위해서는 삶, 곧 가장 고상한 형태의 삶이 필요하다. 기도는 가장 고상한 지능이자 가장 심오한 지혜이다. 기도는 모든 사명 가운데 가장 중대하고 즐겁고 효력 있고 강력하다. 그것은 생명, 곧 찬란하게 빛나도록 전해지는 영원한 생명이다. 무미건조한 형식, 생명 없는 냉랭한 기도 습관은 집어치워라! 황량하고 판에 박힌 일상, 무분별한 행동, 보잘것없는 장난 같은 기도는 그만둬라! 우리는 기도를 가장 진지한 일로, 가장 중요한 일로 받아들여야 한다. 능숙하게 기도해야 한다. 이처럼 위대한 기도의 일에 온전해야 한다. 이처럼 고상한 기도의 기술에서 장인이 되어야 한다.

기도의 습관에서도 그렇게 되어야 하고 기도에 헌신하여 기도의 풍성한 정취로 충만해져야 하며 기도의 거룩한 불꽃으로 활활 타올라야 한다. 그러면 온 하늘과 땅이 기도의 향내로 진동할 것이며 장차 일어날 나라들도 우리의 기도로 복을 받게 될 것이다. 우리가 기도하는 삶을 살아가는 까닭에 하늘은 더욱 충만하고 찬란해질 것이며 땅은 결혼식 날에 훨씬 더 잘 준비될 것이고 지옥은 수많은 희생자를 빼앗기게 될 것이다.

슬프게도 기도하려는 어떤 시도에 대해서 파괴적으로 무시하는 경우가 있을 뿐만 아니라 공식적인 기도, 국가적인 기도, 단지 습관적으로 이루어지는, 겉으로만 그럴듯해 보이는 기도는 오히려 아무런 소용도 없이 엄청난 낭비만 된다. 사람들은 거기에서 마음과 진실이 떠난 뒤에야 비로소 형식과 겉치레를 겨우 깨부수게 된다. 겉으로는 마치 기도하는 것처럼 보이는 많은 사람에게서 이에 관한 구체적인 사례를 쉽게 찾아볼 수 있다. 형식적으로 기도하는 것은 쉽게 무너뜨릴 수 없는 견고한 진이자 강력한 추종자를 만들어 놓는다.

위선적으로 기도하지 말라는 엘리의 비난에 대한 한나의 진술과 변호는 다음과 같은 것이었다.

"제사장님 저는 술에 취한 것이 아닙니다. 포도주나 독한 술을 마신 것이 아닙니다. 다만 슬픈 마음을 가눌 길이 없어서 저의 마음을 주님 앞에 쏟아 놓았을 뿐입니다. 이 종을 나쁜 여자로 여기지 마시기 바랍니다. 너무나도 원통하고 괴로워서 이처럼 기도를 드리고 있습니다"(삼상 1:15-16, 새번역).

유대인들을 향한 하나님의 진지한 약속은 다음과 같은 것이다.

"여호와의 말씀이니라. 너희를 향한 나의 생각을 내가 아나니 평안이요 재앙이 아니니라. 너희에게 미래와 희망을 주는 것이니라. 너희가 내게 부르짖으며 내게 와서 기도하면 내가 너희들의 기도를 들을 것이요. 너희가 온 마음으로 나를 구하면 나를 찾을 것이요. 나를 만나리라"(렘 29:11-13).

이처럼 오늘날 모든 기도는 "마음을 주님 앞에 쏟아 놓는 것"과 "온 마음으로 여호와를 구하는 것" 같은 기준으로 평가되어야 한다. 그러면 그중에 얼마나 많은 기도가 단지 쓰레기처럼 무가치한 형식에 지나지 않는 것으로 드러나겠는가! 야고보는 엘리야에 관해 "엘리야는 우리와 성정이 같은 사람이로되 그가 비가 오지 않기를 간절히 기도한즉 삼 년 육 개월 동안 땅에 비가 오지 아니하고 다시 기도하니 하늘이 비를 주고 땅이 열매를 맺었느니라"(약 5:17-18)고 말한다.

바울이 디모데에게 전하는 기도에 관한 지도를 통해(딤전 2장) 우리는 다양한 영역에서 다양한 모습으로 나타나는, 포괄적인 말로 설명되는 기도에 관한 가르침을 받는다. 그것은 모두 복수 형태로 진술되는데, 곧 간구와 기도와 도고와 감사 등이다. 이것들은 기도의 한없이 다양한 모습, 한 번의 기도에 담긴 형식적인 단순함을 뛰어넘어야 할 필요성에 대해 선포하는 동시에 기도에 기도를, 간구에 간구를, 중보에 중보를, 감사에 감사를 더하여 자꾸만 되풀이하도록 강조한다. 가장 멋진 방식으로 모든 기도를 한데 모은 힘이 우리의 기도 생활로 쌓인 힘과 더불어 집단적인 압력으로 작용할 때까지 말이다.

더없이 멋지고 무한히 합쳐진 힘이 기도를 판단하는 유일한 기준이다. 이 '기도'라는 단어 하나에는 우리가 기도라고 부르는 행위, 의무, 정신, 섬김에 관한 일반적이고 포괄적인 의미가 모두 담겨 있다. 기도는 예배를 응축하여 일컫는 말이다. 천상의 예배에서는 두드러지게 눈에 띄는 기도의 요소가 없다. 지상 예배에서는 기도가 눈에 확 띄는, 매우 중요한 본질이자 굉장히 다채로운 성분이지만 천상의 예배에서는 찬양이 현저하고 포괄적이며 매우 다채롭고 온갖 영감을 불러일으키는 요소로 자리 잡고 있다.

유대 율법과 예언서에서는 아버지로서의 하나님에 관한 내용이 매우 잘 나와 있다. 이따금, 불완전하게, 그러나 나름대로 위안을 줄 정도로 등장하기는 하지만 거기에는 하나님의 아버지 되심과 우리의 자녀 됨에 관한 위대한 진리도 담겨 있다. 예수님은 바로 이 기본적인 원칙과 깊고 강하게 연관 지어 기도에 관한 기초를 놓고 계신다. 기도의 법칙, 기도하는 권리는 바로 자녀 됨에 의존한다. "하늘에 계신 우리 아버지"라는 표현은 우리를 하나님과 가장 가까운 관계로 이끌어준다.

　기도는 자녀로서 아버지에게 다가가는 것이며 자녀의 간청이자 자녀의 권리이다. "하늘에 계신 우리 아버지"에게로 눈을 들어 올려다보는 것이 바로 기도의 법칙이다. 우리 아버지의 집은 하늘에 있는 본향이다. 하늘 시민권과 천국에 대한 향수가 기도에 숨어 있다. 기도는 낮은 데서, 텅 빈 상태에서, 이 땅의 필요에서, 높은 데로, 가득 찬 상태로, 하늘의 온갖 충만한 것으로 나아가는 호소이다.

기도는 어린아이 같은 갈망, 신뢰, 기대감을 품고 하늘을 향해 눈과 마음을 돌리는 것이다. 하나님의 이름을 거룩히 여기는 것, 숨을 죽이면서 그 이름을 말하는 것, 그 이름을 성스럽게 붙잡는 것, 이것도 역시 기도에 속한 것이다. 이와 같은 연관성 속에서 아이들에게 구원을 위해 기도해야 할 필요성을 알려주는 것은 꼭 필요한 일이라고 말할 수 있다. 그러나 불행히도 대체로 아이들에게는 천국과 지옥이 있다고, 지옥을 피하고 천국에 도달하기 위해 노력해야 한다고 말해주는 것만으로 충분하다고 생각한다. 그럼에도 아이들은 구원에 이르는 가장 쉬운 길이 무엇인지를 제대로 배우지 못한다. 천국에 도달하는 유일한 길은 기도라는 여정을 통해, 누구나 할 수 있는 그러한 마음의 기도를 통해서다.

어떤 공부를 통해서나 상상력을 동원한 결과에 따라 궁극적으로 우리에게 열매로 남는 것은, 마음을 경탄할 만한 대상으로 가득 채우더라도 구원 문제를 해결하는 것은 이성적인 추론이 아니라 하늘에 계신 하나님 아버지께 올려드리는 자녀의 단순하고 은밀한 기도뿐이다.

가난한 심령은 참된 기도로 들어가게 된다. "심령이 가난한 자는 복이 있나니 천국이 그들의 것임이요"(마 5:3). 여기서 '가난한 자'

는 극빈자, 거지, 타인의 보조금으로 살아가는 사람들, 구걸로 연명하는 사람들을 의미한다. 그리스도인은 간구함으로써 살아간다. "기도는 그리스도인에게 반드시 필요한 호흡이다." 기도는 그리스도인의 풍족한 기업이며 날마다 일상적으로 받는 연금이다.

예수님은 자신을 본보기로 하여 기도의 본질과 필요성을 구체적으로 예증하고 계신다. 신약성경 곳곳에서 예수님은 하나님의 사명을 수행 중이기에 기도한다고 선포하고 계신다. 예수님은 하나님께 점점 더 많이 헌신하는 사람일수록 점점 더 많이 기도할 것이라는 원칙을 보여주는 빛나는 본보기이다. 점점 더 거룩해지고, 점점 더 많이 성부와 성자의 성령을 소유한 사람일수록 점점 더 많이 기도하게 된다. 그리고 이와는 반대로 점점 더 많이 기도하는 사람일수록 점점 더 많이 성부와 성자의 성령을 받게 된다.

예수님의 생애 가운데 매우 큼직한 사건들이 일어나고 가장 멋진 시기를 보낼 무렵에는 늘 기도하고 계신 우리 주님을 만나게 된다. 공생애를 시작하면서 성령이 예수님께 임했던 요단 강가에서, 변화산 사건 직전에 겟세마네 동산에서 예수님은 기도하고 계셨다. 그렇기에 다음에 소개하는 사도 베드로의 말은 매우 적절하다. "이를 위하여 너희가 부르심을 받았으니 그리스도도 너희를 위하여 고난을 받으사 너희에게 본을 끼쳐 그 자취를 따라오게 하려 하셨느니라"(벧전 2:21).

예수님의 기적 가운데 몇몇 곳에서 발견되는 중요한 기도 원칙이 있다. 그것은 기도 응답의 점진적인 성격에 관한 것이다. 하나님은 단번에 항상 충분한 기도 응답을 주시는 게 아니라 오히려 점진적으로 조금씩 허락해 주신다. 너무나 자주 간과되기는 하지만, 마가는 이와 같은 중요한 진리를 구체적으로 설명해주는 사례를 이렇게 묘사했다.

"벳새다에 이르매 사람들이 맹인 한 사람을 데리고 예수께 나아와 손대시기를 구하거늘 예수께서 맹인의 손을 붙잡으시고 마을 밖으로 데리고 나가사 눈에 침을 뱉으시며 그에게 안수하시고 무엇이 보이느냐 물으시니 쳐다보며 이르되 사람들이 보이나이다. 나무 같은 것들이 걸어가는 것을 보나이다 하거늘 이에 그 눈에 다시 안수하시매 그가 주목하여 보더니 나아서 모든 것을 밝히 보는지라"(막 8:22-25).

우리 주님의 생애에서 앞 못 보는 맹인을 세 번이나 고쳐주시는 사건을 만나게 되는데 그것은 기도 응답을 통한 하나님의 일하심에서 나타나는 성격을 매우 구체적으로 설명해준다. 그뿐만 아니라 하나님의 일하심에는 무한한 다양성과 전능하심도 포함되어 있음을 잘 보여준다.

첫 번째 사례에서 예수님은 예루살렘에 있는 맹인에게 우연히 찾아오셔서 흙에다 침을 뱉어 부드럽게 만든 다음 맹인의 눈에 바르고는 실로암 연못으로 가서 씻으라고 명하셨다. 맹인이 순종하여 이제 막 다 씻는 바로 그 순간에 매우 놀랍고도 은혜로운 결과가 나타났다. 만약 가서 씻지 않았다면 이러한 치유과정에서 치명적인 결과가 나왔을 것이다. 이 사례에서 어느 사람도, 심지어 이 맹인조차도 그와 같은 치유를 요구하지는 않았다.

두 번째 경우에 맹인을 데리고 온 무리는 치유를 위해 간절히 기도하는 마음으로 맹인을 이곳으로 데려왔다. 그래서 비록 심각한 수술을 받아야 할지도 모른다는 걱정 대신, 조금이라도 무슨 위안을 얻을 수 있지 않을까 생각하면서 이 사람들은 예수님께 그냥 손을 대기만 해달라고 간청했다. 그러나 예수님은 맹인의 손을 붙잡고 마을 밖으로 데리고 나가서 사람들과 분리하셨다. 혼자서 은밀하게 이 일을 진행해야 하셨기 때문이다.

예수님은 맹인의 눈에 침을 뱉고 거기에다 손을 얹으셨다. 그에 따라 곧바로 완벽하게 반응이 나타난 게 아니라 이때는 오히려 마치 동틀 무렵 새벽빛처럼 서서히 부분적인 회복이 일어났을 뿐이다. 그러나 이 첫 번째 소통으로 말미암아 맹인은 약간 희미한 상태의 시력이라도 되찾을 수 있었으며 두 번째 만지심으로 완전한 치유가 일어났다. 은밀한 곳에서 혼자 머물러 있도록 자신을 이끌고 나가신 예수님께 전적으로 내맡긴 맹인의 순종적인 믿음은 시력을 점차 회복하는 치유과정에서도, 그 일을 완전히 마무리하기 위한 두 번째 만지심이 필요한 상황에서도 똑같이 매우 두드러지게 나타난 특징이었다.

세 번째는 맹인 바디매오의 경우였다. 이 경우는 오히려 예수님을 따르는 사람들에게 비난받았으며 반대편 사람들도 더욱 격렬하고 구체적으로 대적하게 했다. 하지만 이 경우는 우리에게 어수선한 상황에서 선포되는 긴박한 믿음을 보여주었다.

첫 번째 경우는 뜻밖에 예수님께 찾아왔다. 두 번째 경우는 특별한 의도를 가지고 예수님께 임하였다. 마지막 경우는 어쩔 수 없이 긴박하게 예수님을 뒤따라와서 겉으로 보기에는 군중의 저항과 예수님의 무관심이 서로 부딪히는 것처럼 보였다. 그러나 이번 치유에는 어떤 대리자도 끼어들지 않았다. 어떤 손도 사용되지 않았고 부드럽거나 거칠게 만지는 절차도 없었으며 침이나 흙이나 씻는 과정도 없었다. 단 한마디 말로 바디매오의 시력이 곧장 제대로 돌아왔다.

예수께서 크게 소리 질러 자신을 찾는 바디매오에게 무엇을 하여주기를 원하느냐고 물으셨을 때 바디매오는 주저 없이 보기를 원한다고 대답했다. 그러자 예수님은 단 한마디 말씀을 하셨고 바디매오는 곧바로 보게 되었다. 그 말씀은 "네 믿음이 너를 구원하였느니라"(막 10:52)였다. 이처럼 경우마다 같게 신적인 능력을 체험하고 동일하게 복된 결과를 경험했지만 각 사람의 믿음을 표현하고 치유가 일어나는 방식에서는 눈에 띌 정도로 매우 다채로웠다.

각 사람이 서로 만나는 장면을 상상해보라. 첫 번째 사례에서는 아주 특별한 일과 치유과정, 곧 침, 흙, 실로암에서 씻는 일 등이 포함되어 있었다. 유일한 신적인 과정으로써, 신적인 일들이 일어나는 유일한 참된 요소로써 말이다. 그런데 그건 진리와 얼마나 많이 동떨어져 있으며 그러한 결정의 기준은 얼마나 협소하고 오도하는 것이란 말인가! 방법이나 과정이 아니라 결과가 신적인 일인지를 검증하는 시험들이 말이다.

각각의 경우에 각 사람은 이렇게 말할 수 있었다. "지금 내가 아는 한 가지는 이전에는 앞을 보지 못했으나 지금은 본다는 것이다." 그와 같은 결과는 누구나 충분히 의식할 수 있는 결과였다. 사람들은 예수님이 그 일을 행하셨다는 사실을 잘 알고 있었다. 믿음이 도구로 사용되었지만 그것이 매우 다른 방식으로 발휘되었다는 사실도 잘 알고 있었다. 예수님이 일하시는 방법도 매우 달랐다. 각 사람 편에서나 예수님 편에서나 은혜로운 결과를 가져온 다양한 단계는 아주 많은 점에서 놀라울 정도로 달랐다.

기도의 한계가 무엇인가? 기도의 혜택과 가능성은 얼마나 멀리까지 도달하는가? 하나님이 사람을 다루시고 인간 세계를 다루시는 영역 가운데 도대체 기도가 영향을 미치지 못하는 부분이 있겠는가? 기도로 모든 일시적이고 영적인 선을 다룰 만한 가능성이 있는가? 이러한 질문에 대한 대답은 이루 다 헤아릴 수 없을 정도로 중요하다. 그 대답은 우리 기도의 노력과 결과를 판단하게 될 것이다. 그 대답은 기도의 가치를 엄청나게 증진시키거나 엄청나게 하락시킬 것이다.

이러한 중요한 질문에 대한 대답은 기도에 관한 바울의 말씀에서 충분히 다루어지고 있다. "아무것도 염려하지 말고 다만 모든 일에 기도와 간구로 너희 구할 것을 감사함으로 하나님께 아뢰라. 그리하면 모든 지각에 뛰어난 하나님의 평강이 그리스도 예수 안에서 너희 마음과 생각을 지키시리라"(빌 4:6-7).

C·H·A·P·T·E·R·04

하나님과 우리의 모든 일은 기도로 연결된다

기도는 사람이 얼마든지 참여할 수 있는 하나님의 일이다. 기도는 오직 사람만이 참여할 수 있으며 반드시 참여해야 하는 하나님의 필수적인 일이다. 하나님께 속한 사람은 기도해야 할 의무가 있다. 그러나 그 사람이 정치가나 권력자로 성장하거나 돈을 잘 벌어야 할 의무는 없다. 사업에서 커다란 성공을 거두어야 하는 의무도 없다. 천국에 대한 성실함과 하나님에 대한 충성심에 관련지어 본다면 이런 것들은 부차적이고 순간적이며 단지 명목적일 뿐이다. 물질적인 성공은 하나님에게 그다지 중요하지 않다. 사람들에게 그러한 것이 있든 없든 특별히 사정이 더 나아지거나 나빠지지는 않는다. 그것들은 천상의 가치 판단에 아무런 영향을 끼치지 못한다.

그러나 기도하는 것, 정말로 기도하는 것은 하나님의 판단 기준에서 모든 수익의 원천이며 평판의 기초이자 성품의 요소이다. 사람들에게는 경건해야 할 의무가 있듯 기도해야 할 의무도 있다. 기도는 하나님께 충성하는 일이다. 기도하지 않는 것은 예수 그리스도를 거절하고 천국을 버리는 짓이다. 기도생활은 천국을 소중히 여기는 유일한 삶이다.

하나님은 우리가 기도하는 일에 지대한 관심을 기울이신다. 우리는 기도를 통해 더 나아질 수 있으며 세상은 기도함으로써 더 나아지게 된다. 하나님은 기도를 통해 세상에서 가장 멋지게 일하신다. 하나님의 최고 영광과 인간의 최고선은 기도를 통해 확실히 담보된다. 기도는 가장 경건한 사람을 만들고 가장 경건한 세상을 만든다. 그러나 우리가 간절하게 설복하는 기도로 하나님의 약속을 적절히 활용하면서 거기에다 활력을 불어넣지 않는다면 이러한 약속들은 단지 부패하여 흙으로 돌아갈 수밖에 없는 거대한 송장처럼 존재할 뿐이다.

약속은 아직 뿌리지 않은 씨앗이며 그 안에 들어 있는 씨눈과 같고 기도의 토양과 문화는 그 씨앗이 발아하여 자라나는 데 반드시 필요한 것이다. 기도는 하나님의 생명을 전해주는 호흡이다. 하나님의 목적은 자신의 영광스러운 계획이 따라가도록 기도로 만들어진 길을 따라 움직인다. 하나님의 목적은 언제나 고상하고 유익하지만 그 움직임은 쉬지 않는 기도로 생긴 오솔길을 따라 이루어진다.

하나님은 모든 것을 기도하는 사람과 연결 지을 뿐 아니라 모든 일을 기도 자체와 연결 지으신다. 기도하는 사람에게 기도하는 시간은 바로 하나님의 시간이기 때문에 성스럽다. 그게 우리 영혼이 하나님께로 더 가까이 나아가는 동시에 하나님을 다루는 기회이기 때문에 성스럽다. 그건 우리 영혼이 하나님께 가장 강력하게 나아갈 뿐만 아니라 하나님으로부터 가장 충만한 계시를 받는 기회이기 때문에 그 어떤 시간도 이보다 더 거룩할 수는 없다. 기도는 하나님께로 가까이 나아가게 하고 그로 말미암아 친밀도를 짐작할 수 있게 만든다.

기도할 줄 모르는 사람은 하나님을 모르는 것이다. 그 눈으로 골방에서 하나님을 바라본 적이 없었던 사람은 절대로 하나님을 본 적이 없었을 것이다. 하나님의 환상을 볼 수 있는 곳은 바로 골방이다. 하나님이 임재해 계신 곳은 은밀한 장소이다. "가장 높으신 분의 보호를 받으면서 사는(지존자의 은밀한 곳에 거주하며, 개역개정) 너는 전능하신 분의 그늘 아래 머무를 것이다"(시 91:1, 새번역).

기도를 통해 지적 영역을 확장하고 강화하며 정화하고 향상시킨 적이 없었던 사람은 여태까지 하나님을 한 번도 제대로 탐구해보지 않았다. 전능하신 하나님은 기도를 명하시고 그분의 길을 주문하기 위해 기도를 기다리고 계시기에 하나님은 기도를 기뻐하신다. 하나님께 기도는 유대 성전의 향기와 같은 것이다. 그 향기가 모든 것에 스며들고 모든 것을 향기롭게 만들며 모든 것을 감미롭게 한다.

기도의 가능성은 예수님을 통해 하나님의 총체적인 목적을 모두 포괄한다. 하나님은 그분의 아들에게 나눠주시는 온갖 것을 통한 각종 선물을 기도함으로써 허락하시겠다는 조건을 붙이신다. 아들이 온 세상의 구원이라는 엄청나게 중대한 임무를 수행하기 위하여 지상으로 내려가는 상황에서 하나님 아버지께서는 그 아들에게 이렇게 말씀하셨다. "내게 구하라. 내가 이방 나라를 네 유업으로 주리니 네 소유가 땅끝까지 이르리로다"(시 2:8). 인류 구원을 위해 놀랍고도 신성한 움직임과 관련하여 모든 수단과 결과와 성공은 기도에 따라 달라졌다. 그 계획은 폭넓고 심오했으며 신비롭고 놀라웠다.

기도 응답은 하나님의 약속뿐만 아니라 하나님 아버지와 우리 사이의 관계를 통해서도 확실히 담보된다.

"너는 기도할 때에 네 골방에 들어가 문을 닫고 은밀한 중에 계신 네 아버지께 기도하라. 은밀한 중에 보시는 네 아버지께서 갚으시리라"(마 6:6).

다시금 우리는 이와 같은 말씀을 듣게 된다.

"너희가 악한 자라도 좋은 것으로 자식에게 줄 줄 알거든 하물며 하늘에 계신 너희 아버지께서 구하는 자에게 좋은 것으로 주시지 않겠느냐"(마 7:11).

하나님은 우리에게 기도하라고 격려하시면서 자신이 확실히 응답하실 뿐만 아니라 약속에 따라 후히 주시는 분임을 강조하고 계신다. 정말이지 하나님은 아낌없이 베풀어 주시는 분이다. 이 약속이 얼마나 놀랍고 멋지단 말인가!

"너희가 내 안에 거하고 내 말이 너희 안에 거하면 무엇이든지 원하는 대로 구하라. 그리하면 이루리라"(요 15:7).

"무엇이든지 원하는 대로." 아무런 자격이나 예외나 제한 없이 무엇이든지 빠짐없이 모든 것을 전부 포함하는 이 약속에 마태복음 7장 11절 말씀을 더할 때 이것은 그 약속을 더욱 확장하여 상세하고 구체적으로 만드는 것이다. 우리를 향한 하나님의 도전은 "너는 내게 부르짖으라. 내가 네게 응답하겠고 네가 알지 못하는 크고 은밀한 일을 네게 보이리라"(렘 33:3)는 말씀이다. 솔로몬의 기도에 대한 응답처럼 여기에는 매우 구체적으로 기도했지만 더 커다란 가치와 필요를 기꺼이 받아들이는 일도 포함된다.

전능하신 하나님은 혹시 우리가 통 크게 구하기를 주저하지나 않을까, 그리하여 그분의 능력을 곡해하지나 않을까 두려워하고 우려하시는 것처럼 보인다. 그래서 하나님은 스스로 "우리 가운데서 역사하시는 능력대로 우리가 구하거나 생각하는 모든 것에 더 넘치도록 능히 하실 이"(엡 3:20)라고 선포하고 계신다. 이 얼마나 간절

히 우리에게 기도하라고 촉구하시는 말씀인가! 하나님은 또 약속을
훨씬 뛰어넘어 이렇게 말씀하신다. "내가 너희에게 내어준 아들을
보라!"

"자기 아들을 아끼지 아니하시고 우리 모든 사람을 위하여 내주
신 이가 어찌 그 아들과 함께 모든 것을 우리에게 주시지 아니하
겠느냐"(롬 8:32).

하나님은 아들 안에서 우리에게 모든 것을 주셨기 때문에 약속
을 따라 기도 안에서 모든 것을 우리에게 허락하셨다. 하나님의 아
들을 주시다니 이 얼마나 놀라운 선물이란 말인가! 기도는 하나님의
복된 아들만큼이나 무한하다. 하나님의 아들이 우리를 위해 확실하
게 담보하지 못하는 것은 이 땅에서나 저 하늘에서나, 일시적으로나
영원토록 아무것도 없다. 하나님은 기도를 통해 그 아들로 말미암아
우리의 소유가 된 거대하고 비길 데 없는 기업을 우리에게 허락해
주신다. 하나님은 "은혜의 보좌 앞에 담대히 나아오도록" 우리에게
촉구하고 계신다. 거대한 간구를 통해 하나님은 영광을 받으시고 그
리스도는 존귀를 받으신다.
　하나님의 약속에 관하여 진리인 것은 하나님의 목적에 관해서도
동일하게 진리이다. 하나님은 기도 없이는 아무것도 하지 않으신다
고 말할 수 있다. 에스겔서에 등장하는 하나님의 가장 은혜로운 약

속은 이와 같은 자격과 조건을 전제로 삼고 있다. "주 여호와께서 이같이 말씀하셨느니라. 그래도 이스라엘 족속이 이같이 자기들에게 이루어 주기를 내게 구하여야 할지라"(겔 36:37).

시편 2편에서 그분의 보좌에 앉으신 그리스도에 대한 하나님의 목적은 이미 앞에서 인용되었던 것처럼 기도에 관해 선포하는 것이었다. 그 아들에게 이방 나라를 기업으로 약속하신다는 선포가 성취되기 위해서는 "내게 구하라"는 말씀처럼 기도가 전제되어야 한다. 우리는 슬프게도 그 선포가 실행되는 과정에서 어떻게 실패했는지 보게 된다. 그건 하나님의 목적이 허술했기 때문이 아니라 인간의 기도가 빈약했기 때문이다. 이러한 영광스러운 결과를 나타내기 위해서는 하나님의 강력한 선포와 인간의 강력한 기도가 동시에 필요하다.

우리는 시편 77편에서 하나님이 그리스도의 정복전쟁을 계속해 나가시는 원동력으로써 기도의 강력한 권세를 살펴보게 된다. 기도는 그리스도에게 지속해서 이루어질 것이다.

"내가 내 음성으로 하나님께 부르짖으리니 내 음성으로 하나님께 부르짖으면 내게 귀를 기울이시리로다. 나의 환난 날에 내가 주를 찾았으며 밤에는 내 손을 들고 거두지 아니하였나니 내 영혼이 위로받기를 거절하였도다"(시 77:1-2).

이와 같은 진술에서 그리스도께서는 기도하는 손을 들고 거두지 않으시는 것으로 나타난다.

그리스도께서 동정하는 슬픈 마음으로 사람들로 가득한 무르익은 들판을 바라보면서 일꾼들이 절실히 필요함을 깨달으셨을 때 그리스도의 목적은 더 많은 일꾼을 구하는 것이었으며, 그리하여 그분은 제자들에게 이렇게 촉구하셨다.

"그러므로 (너희는) 추수하는 주인에게 청하여 추수할 일꾼들을 보내주소서 하라"(마 9:38, 눅 10:2).

에베소서 3장에서 바울은 믿는 자들에게 영원한 하나님의 목적을 상기시키면서 그 자신이 얼마나 하나님 앞에 무릎을 꿇고 영원한 목적이 이루어지도록 간구했는지 "하나님의 모든 충만하신 것으로 너희에게 충만하게 하시기를 구하노라"(엡 3:19)고 말하고 있다. 또한 우리는 욥기에서 하나님이 어떻게 욥의 기도로 말미암아 욥의 세 친구에 대한 그분의 목적을 바꾸셨는지, 욥과 관련한 하나님의 목적이 기도와 같은 수단을 통해 어떻게 이루어지는지도 보게 된다.

기도는 하나님의 약속에 효력과 유용성을 제공한다. 하나님의 목적을 강력하게 밀고 나가는 것은 기도에 달려 있다. 천국에서 교회를 대표하는 자들과 하나님의 보좌 앞에서 모든 만물을 대표하는 자들은 "그 어린양 앞에 엎드려 각각 거문고와 향이 가득한 금 대접을 가졌으니 이 향은 성도의 기도들이라"(계 5:8).

우리는 이전부터 기도가 단지 약속만이 아니라 관계에도 기초하고 있다고 이야기해 왔을 뿐만 아니라 기회가 있을 때마다 되풀이했다. 회개하고 돌아오는 죄인은 약속을 기초로 기도한다. 하나님의 자녀는 부모 자식 관계를 기초로 기도한다. 아버지께 있는 것은 현재뿐만 아니라 앞으로도 얼마든지 사용할 수 있도록 자녀에게 속한 것이다. 자녀가 무엇이든 요청하면 아버지는 언제든지 내주신다. 이와 같은 부모-자식 관계는 요청하고 응답하는 관계, 주고받는 관계이다. 자녀는 아버지에게 의존하고 그 아버지를 바라보아야 하며 아버지에게 요청해야 한다. 또한 아버지에게 전해 받아야 한다.

이 땅의 부모들이 주고받는 것이 어떻게 이와 같은 관계에 속해 있는지, 그리고 바로 그 주고받는 행위를 통해서 어떻게 부모와 자식 간의 관계가 단단히 굳어지고 달콤해지고 풍성해지는지를 우리는 잘 알고 있다. 부모는 순종적인 자녀에게 주는 것을 통해 자신의 기쁨과 만족이 풍성해지는 것을 발견하며 자녀는 아버지의 사랑과 지속적인 베풂을 통해 자신의 풍성함을 발견하게 된다.

기도는 하나님께 영향을 미쳐서 원래 목적보다 더 강해지게 만든다. 하나님의 뜻, 하나님의 말씀, 하나님의 목적은 모두 기도의 강한 영향력이 발휘될 때 다시 검토될 수밖에 없게 된다. 어떻게 강력한 기도가 이미 기도 응답으로 정해지고 선포된 그분의 목적조차도 쉽사리 파기할 정도로 하나님께 강력하게 전해질 수 있단 말인가!

전체적인 구원 계획을 가로막았던 요인이 있었지만 예수 그리스도는 기도함으로써 12군대의 천사들이 대적들을 당황하게 하고 파멸시키도록 하였다. 또한 니느웨 사람들의 금식과 기도는 사악한 도성을 파멸시키려는 하나님의 계획을 변화시켰다. "사십 일이 지나면 니느웨가 무너지리라"(욘 3:4)는 요나의 외침이 니느웨 사람들을 회개하게 했다.

전능하신 하나님은 우리의 기도에 많은 관심을 두고 계신다. 하나님은 기도에 관한 뜻을 품고 계시며 기도를 명하시고 기도를 고취시키신다. 하늘에 계신 예수 그리스도는 언제나 기도하고 계신다. 기도는 그분의 법이자 생명이다. 성령님은 우리에게 기도하는 법을 가르쳐주신다. 성령님은 "말할 수 없는 탄식으로" 우리를 위해 기도하신다. 이 모든 것은 기도에 관한 하나님의 깊은 관심을 보여준다. 이것은 이 세상에서 벌어지는 하나님의 일에 기도가 얼마나 필수적인지, 그리고 기도의 가능성이 얼마나 멀리까지 영향을 미치는지 매우 명료하게 드러낸다.

기도는 사람들에 관한 하나님의 마음과 뜻에 그 중심을 이룬다. "항상 기뻐하라. 쉬지 말고 기도하라. 범사에 감사하라. 이것이 그리스도 예수 안에서 너희를 향하신 하나님의 뜻이니라"(살전 5:16-18). 기도는 이를 중심으로 기쁨과 감사가 돌아가는 북극성이다. 기도는 기쁨과 감사의 유쾌한 흐름을 통해 하나님께 이르기까지 그 충만하고 행복한 물결을 흘려보내는 마음이다.

기도로 하나님의 이름이 거룩히 여김을 받는다. 기도로 하나님의 나라가 임한다. 기도로 하나님의 나라가 능력 가운데 세워지게 되며 빛보다 더 빠른 추진력으로 전진해 나가게 된다. 기도로 온 땅이 조화롭고 아름답게 천국과 맞먹는 수준에 이를 때까지 하나님의 뜻이 이루어지게 된다. 기도로 날마다 수고하는 일이 성별되고 풍성해지며 용서가 확실히 담보되고 사탄이 패배하게 된다. 이처럼 기도는 온갖 방식으로 하나님과 사람에게 관심을 기울이는 것이다.

하나님께는 기도 응답으로 내놓지 못할 만큼 아까운 것은 없다. 하나님이 공포하신 복수가 너무나 무시무시하여 아무리 기도해도 꺾이지 않는 그런 원한은 없다. 너무나 강렬하게 타올라서 기도로도 도무지 끄지 못하는 그런 정의감은 없다.

다소의 바울에 대한 기록과 태도를 살펴보라. 우리 주님이 아나니아에게 "일어나 직가라 하는 거리로 가서 유다의 집에서 다소 사람 사울이라 하는 사람을 찾으라. 그가 기도하는 중이니라"(행 9:11)며 놀라운 상황이 벌어졌다고 말씀하셨을 때 그 이전에 나타났던 불길한 태도는 바뀌었으며 불편한 과거 기록은 삭제되었다. 도망자 요나가 살아나서 비릿한 바다 맛이나 해초 냄새가 없는 뭍으로 올라왔을 때 요나는 이렇게 기도했다.

"요나가 물고기 뱃속에서 그의 하나님 여호와께 기도하여 이르되 내가 받는 고난으로 말미암아 여호와께 불러 아뢰었더니 주께서 내게 대답하셨고 내가 스올의 뱃속에서 부르짖었더니 주께서 내 음성을 들으셨나이다. 주께서 나를 깊음 속 바다 가운데에 던지셨으므로 큰물이 나를 둘렀고 주의 파도와 큰 물결이 다 내 위에 넘쳤나이다. 내가 말하기를 내가 주의 목전에서 쫓겨났을지라도 다시 주의 성전을 바라보겠다 하였나이다. 물이 나를 영혼까지 둘렀사오며 깊음이 나를 에워싸고 바다풀이 내 머리를 감쌌나이다. 내가 산의 뿌리까지 내려갔사오며 땅이 그 빗장으로 나를 오래도록 막았사오나 나의 하나님 여호와여 주께서 내 생명을 구덩이에서 건지셨나이다. 내 영혼이 내 속에서 피곤할 때에 내가 여호와를 생각하였더니 내 기도가 주께 이르렀사오며 주의 성전에 미쳤나이다. 거짓되고 헛된 것을 숭상하는 모든 자는 자기에게 베푸신 은혜를 버렸사오나 나는 감사하는 목소리로 주께 제사를 드리며 나의 서원을 주께 갚겠나이다. 구원은 여호와께 속하였나이다 하니라. 여호와께서 그 물고기에게 말씀하시매 요나를 육지에 토하니라"(욘 2:1-10).

기도에는 하나님의 온갖 권세가 포함되어 있다. 하나님께 있는 것은 무엇이든지 기도로 얻을 수 있다. 그러니까 예수 그리스도의 이름으로 기도함으로써 우리는 어떤 간구나 요청이든 마음껏 할 수 있다. 하나님께는 그 이름으로 주시기에 너무나 아까운 것이 없다.

하나님의 가족이라는 테두리 안에서 우리의 기도에 관해 이와 같은 사실보다 더 확실한 증거는 아무것도 없다. 하나님의 자녀들은 기도한다. 그 자녀들은 하나님께 모든 소망을 둔다. 그 자녀들은 하나님께 모든 것을 하나도 빠짐없이 요청한다. 아버지를 믿는 자녀의 믿음은 그 아이가 요청하는 것을 통해 분명히 드러난다.

하나님이 계신 것뿐만 아니라 그분이 사람들과 이 세상에서 일어나는 일에 대해 깊은 관심을 두고 계신 분임을 우리에게 분명히 드러내는 것은 바로 기도 응답이다. 응답된 기도는 하나님께로 가까이 나아가게 하며 하나님의 존재에 대해 사람들에게 확신을 심어준다. 응답된 기도는 하나님과 우리의 관계에 대한 신임장이며 우리가 하나님을 대표한다는 사실을 보여주는 자격증명서이다. 그러나 하나님으로부터 기도 응답을 받지 못하는 사람은 하나님을 대표할 수 없다.

기도의 가능성은 기도에 응답하시겠다는 하나님의 다함 없는 약속, 모든 기도에 일일이 응답하시는 하나님의 기꺼운 마음과 능력, 그리고 인간의 끝없을 필요를 충분히 공급해 주시겠다는 약속과 능력에서 발견된다. 그 어떤 존재도 인간만큼 그렇게 많은 필요가 있지 않으며 그 어떤 존재도 하나님만큼 모든 필요를 채워줄 정도의 능력 있는 열심을 보여주지 못한다.

말씀 전파만으로 모든 인간에 대한 하나님의 뜻을 충만하게 선포하고 성취하지 못하는 것과 마찬가지로 하나님의 성도들이 골방에서 이와 같은 숭고한 목적을 위해 싸울 때 성도들의 기도만으로 이와 같은 거대한 진리를 다 선포하지는 못한다. 하나님의 마음은 모든 사람의 구원에 맞춰져 있다. 여기에 하나님은 커다란 관심을 두고 계신다. 하나님은 이루 다 말할 수 없는 목소리로 자기 아들의 죽음 가운데서 이것을 선포하셨으며 이와 같은 목적을 위해 이 땅에서 일어나는 모든 움직임은 하나님이 보시기에 매우 기쁜 일이다.

하나님을 기쁘시게 하는 숭고하고 거룩한 영감은 우리가 모든 사람을 위해 기도하도록 움직이게 한다. 하나님은 골방을 눈여겨보고 계시며 우리가 할 수 있는 어떤 일도 모든 사람을 위한 관대하고도 열렬한 기도보다 더 많이 하나님을 기쁘게 하지 못한다. 그것은 하나님의 뜻에 대한 우리의 헌신과 하나님에 대한 우리의 순종적인 충성을 실제로 구현하는 동시에 시험하는 일이다.

디모데전서 2장 1~6절에서 사도 바울은 아주 낮은 수준으로 내려오는 게 아니라 가장 설득력 있는 사실들을 동원하여 기도의 필요성을 강조하고 있다. 사람이자 신인(神人)이며 인간의 가장 고상한 본보기인 예수 그리스도는 하나님과 인간 사이의 중재자이시다. 이 신성한 사람 예수 그리스도는 모든 사람을 위해 목숨을 잃었다. 예수 그리스도의 생명은 단지 모든 사람을 위한 중보일 뿐이다. 그분의 죽음은 단지 모든 사람을 위한 기도일 뿐이다. 이 땅에서 예수 그리스도는 사람들을 위해 간구하는 것보다 더 고상한 법, 더 거룩한 일, 더 신성한 생명을 알지 못하셨다. 하늘에서도 그분은 우리를 위해 중보하는 일보다 더 왕 같은 지위, 더 고상한 주제를 알지 못하신다. 이 땅에서 그분은 우리를 위해 사셨고 기도하셨으며 돌아가셨다. 예수 그리스도의 삶, 죽음, 하늘로 올라가심은 모두 우리를 위한 간구이다.

제자가 해야 할 일 중에서 우리 주님이 하신 것보다 더 고상한 일이 도대체 무엇이란 말인가? 사람들을 위해 기도하는 것보다 더 고상하고 명예로우며 신성한 일이 도대체 뭐가 있단 말인가? 기도는 우리의 고뇌, 죄악, 위험을 하나님 앞으로 가져가 예수 그리스도와 하나 되는 게 아닌가? 기도는 우리를 묶고 있는 종살이, 우리를 붙잡고 있는 지옥을 깨부수고 불멸의 영원한 생명으로 들어 올리는 일이 아닌가?

"너는 기도할 때에 네 골방에 들어가 문을 닫고
은밀한 중에 계신 네 아버지께 기도하라.
은밀한 중에 보시는 네 아버지께서 갚으시리라"(마 6:6).
"자기 아들을 아끼지 아니하시고 우리 모든 사람을
위하여 내주신 이가 어찌 그 아들과 함께 모든 것을
우리에게 주시지 아니하겠느냐"(롬 8:32).

02

예수님만이
우리 기도의 능력이다

The Reality of Prayer _ Part 2

예수 그리스도는 기도를 가르쳐주는 위대한 스승이셨다. 옛적부터 수많은 성도와 예언자들이 기도의 능력과 본질에 관해 나름대로 설명해 주었지만 현대의 성도와 스승들은 그 영감과 생명을 점차 잃어버렸다. 신앙적으로 죽은 교사들과 피상적인 성직자들은 기도가 무엇인지 그 의미를 잊어버렸다. 이 사람들은 상당히 의식적으로 과시하며 공개적인 장소에서 의례적인 기도를 많이 하지만 정작 개인적으로 제대로 기도하지는 않았다. 이 사람들에게 기도는 거의 잃어버린 습관이었다. 이 사람들은 의례적인 기도를 너무나 많이 하다 보니 참다운 기도의 의미를 완전히 잃어버렸다.

이 땅에서 주님의 공생애 동안 제자들은 그다지 많은 헌신을 보여주지 못했다. 제자들은 예수님과 개인적인 교제를 나누느라 너무나 애쓰고 있었다. 제자들은 예수님의 말씀에 매력을 느꼈고 예수님의 기적에 흥분했으며 이기적이던 관심사는 예수님의 인격과 사명 안에서 새롭게 생겨난 소망으로 인해 즐거운 관심거리가 되었다. 그러나 제자들은 예수님의 성품에 대한 피상적인 세상의 관점을 붙잡은 채 예수님과 그분의 사명에 대한 더 깊고 무거운 일을 무시하고 간과했다. 제자들이 가장 강제적이고 일상적인 임무를 무시하는 것은 제자들의 행동에서 매우 주목할 만한 특징이었다.

이와 같은 측면에서 제자들의 행위는 너무나 명백하고 색달라서 어떤 경우에는 중대한 질문을 일으키는 문제가 되기도 하였으며 다른 경우에는 신랄하게 책망받아야 하는 문제로 발전하기도 했다.

"요한의 제자들과 바리새인들이 금식하고 있는지라. 사람들이 예수께 와서 말하되 요한의 제자들과 바리새인의 제자들은 금식하는데 어찌하여 당신의 제자들은 금식하지 아니하나이까. …이르시되 혼인 집 손님들이 신랑과 함께 있을 때에 금식할 수 있느냐. 신랑과 함께 있을 동안에는 금식할 수 없느니라. 그러나 신랑을 빼앗길 날이 이르리니 그날에는 금식할 것이니라"(막 2:18-20).

기도는 예수 그리스도의 모범과 가르침에서 하나님의 인격, 하나님의 움직임, 하나님의 아들과 정상적인 관계를 전제하고 있다. 예수님은 교훈과 모범을 통해 본질적으로 기도의 스승이 되셨다. 우리는 성경에서 예수님의 삶을 다루는 페이지마다, 장마다, 책마다 얼마나 기도로 가득한지 알아보기 위해, 마치 색인을 찾듯 그분의 기도를 살펴보게 된다. 그분의 인생과 성품 가운데 단 한 부분이 아니라 전 생애를 다루는 개요는 두드러질 정도로 기도에 관한 개요이다.

성경은 기록하기를 "그는 육체에 계실 때에 자기를 죽음에서 능히 구원하실 이에게 심한 통곡과 눈물로 간구와 소원을 올렸고 그의 경건하심으로 말미암아 들으심을 얻었느니라"(히 5:7). 예수 그리스도는 모든 탄원하는 자의 탄원자였으며 모든 중보자의 중보자였다. 예수님은 가장 낮은 모습으로 하나님께 나아갔으며 가장 강력한 탄원으로 기도하고 간구하셨다.

예수님은 긴급히 기도하라고 제자들에게 당부하심으로써 기도의 중요성을 가르치셨다. 그러나 그분은 이보다 더 많은 것을 우리에게 보여주셨다. 예수님은 기도가 하나님의 목적에 얼마나 깊숙이 관여하는지 보여주셨다. 우리는 예수 그리스도와 하나님 사이의 관계가 주고받는 관계, 늘 아들이 구하고 아버지가 주시는 관계임을 명심해야 한다. 우리는 기도하는 가운데 그리스도의 대의명분을 달성하고 상속하며 확장하는 힘을 하나님이 우리에게 불어넣으신다는 사실을 잊지 말아야 한다.

"내게 구하라. 내가 이방 나라를 네 유업으로 주리니 네 소유가 땅끝까지 이르리로다"(시 2:8).

이것은 온 세상의 중재자로서 그 아들이 보좌에 앉으시고 은혜와 권능을 받아서 수행하는 사명으로 보내심을 받는 데 필요한 왕 같은 선포와 우주적인 조건을 구체화하는 구절이다. 우리는 여기에서 예수님이 자기 소유와 기업을 받는 유일한 조건으로써 기도를 얼마나 강조하고 계시는지 자연스럽게 배운다.

기도에 관한 이와 같은 탐구에서는 분명히 여러 가지 생각이 오락가락하면서 서로 교차하게 될 것이며 같은 성경 단락이나 사건이 한 번 이상 언급될 것이다. 왜냐하면 어떤 단락이 한 가지 이상의 진리를 가르칠 수 있다는 단순한 이유 때문이다. 가령 우리가 기도에 담긴 엄청나게 포괄적인 의미를 이야기할 때가 바로 그런 경우이다. 도대체 모든 것을 포괄하시는 예수님이 왜 기도하시는가? 거기에는 정도나 범위나 대상에 대해 아무런 제한이 없다! 기도에 관한 약속은 그 웅장함, 광대함, 우주적인 보편성에서 하나님과 같은 크기이다. 그 본질상 이러한 약속은 하나님과 관련 있으며 그 영감, 탄생, 결과에서도 하나님과 관련되어 있다.

하나님 이외에 도대체 누가 "너희가 기도할 때에 무엇이든지 믿고 구하는 것은 다 받으리라"고 담대하게 말할 수 있겠는가? 하나님이 아니라면 도대체 누가 '무엇이든지 만물에게' 명령하고 지시할 수 있겠는가? 어떤 사람이나 기회나 결과 법칙도 어떤 변화나 한계나 상황을 훨씬 뛰어넘어 높아질 수 없으며, 또한 만물을 전해주고 지시하겠다는 약속과 관련하여 만물을 지시하고 어떤 결과를 초래할 수 있을 만큼 충분히 강력한 힘을 발휘하지는 못한다.

예수님이 사용하신 전체적인 이야기, 비유, 사건들은 기도의 필요성과 중요성을 강화하기 위한 것이었다. 예수님의 기적은 단지 기도에 관한 비유에 지나지 않는다. 이 모든 것에서 기도가 두드러지게 그려지며 기도에 관한 어떤 특징이 구체적으로 묘사된다.

수로보니게 여인은 끈질긴 기도의 능력과 성공에 관한 매우 두드러진 예화이다. 맹인 마디매오의 경우는 그와 같은 생각의 흐름을 따라 몇 가지 요점을 제안한다. 야이로와 백부장의 이야기는 기도의 여러 양상을 구체적으로 설명하면서 깊은 인상을 남긴다. 바리새인과 서기관의 비유는 겸손한 기도를 강조하고 기도의 놀라운 결과를 선포하며 그릇된 기도의 무익함과 무가치함을 보여준다.

또한 신앙 훈련을 강화하는 데 실패하고 형제애를 깨뜨리기 쉬운 경향성은 모두 마태복음 18장 19~20절에 기록된 것과 마찬가지로 합심기도의 광범위한 결과를 보여주기 위해 사용된다. "너희 중의 두 사람이 땅에서 합심하여 무엇이든지 구하면 하늘에 계신 내 아버지께서 그들을 위하여 이루게 하시리라. 두세 사람이 내 이름으로 모인 곳에는 나도 그들 중에 있느니라."

여기서 예수님이 말씀하시는 것은 합심기도이다. 두 사람이 하나로 합심하는 것, 곧 두 사람이 성령으로 마음을 하나로 모아 완벽한 조화를 이루어 내는 것을 말한다. 그 사람들이 무엇을 구하든지 간에 그것은 그대로 이루어질 것이다. 예수님은 교회의 징계에 관해서도 말씀하시는데, 어떻게 만물의 연합이 유지되어야 하는지, 어떻게 형제들의 교제가 유지되어야 하는지, 무례하게 행동한 사람을 용서할 것인지 추방할 것인지에 관해서 다루어주셨다. 예수님의 형제애에 충실했던 지체들, 그런 형제애가 깨어지지 않도록 지켜내려고 애썼던 지체들은 연합 기도로써 하나님에게 호소할 수 있을 만큼 하나 되기 위하여 합심한 자들이다.

예수님은 산상수훈에서 마치 헌법 같은 원칙들을 세우셨다. 온갖 형식과 그림자를 물리치고 참된 영성생활의 법칙을 선포하셨다. 기도는 이와 같은 기독교 체계의 기본 법칙에서 가장 중요한 위치가 아니더라도 단연 눈에 띄는 위치를 차지하고 있다. 기도는 그 행위와 구제 범위가 매우 폭넓고 당당하고 포괄적일 뿐만 아니라 모든 임무에 보완적이다. 심지어 다른 사람들에 대해 단 한 번이라도 친절하게 요청하고 분별력 있게 판단하는 것, 왕 같은 명령, 황금률 같은 행동 원리 등과 같은 것들은 기도 덕분에 존재하게 된다.

예수님은 법에 규정된 약속 가운데 하나로 기도를 생각하셨다. 예수님은 기도를 자연법칙에 그대로 남겨두지 않으셨다. 필요, 수요나 공급의 법칙, 무기력함의 법칙, 자연적인 본능, 또는 달콤하고 고상한 특권의 법칙 등과 같은 것은 그게 제아무리 강력한 행동의 동기로 작용할지라도 기도의 기초는 아니다. 예수님은 영적인 법칙으로 기도를 생각하셨다. 그렇기에 우리는 기도해야 한다. 기도하지 않는 것은 단순한 결핍이나 생략이 아니라 영성생활에 필요한 법칙을 적극적으로 불순종하는 것이며 무질서와 파멸을 가져오는 범죄 행위이다. 기도는 전 세계적이고 영원에 맞닿는 법칙이다.

산상수훈에서 수많은 중요한 발언이 단 한 줄이나 한 구절로 간단히 처리되는 반면, 기도라는 주제는 상당히 많은 공간을 차지한다. 예수님은 기도에 대해서는 자주 되풀이하여 언급하셨다. 예수님은 기도의 가능성과 필요성에 기초하여 부모 자식 사이의 관계, 빵을 달라고 부르짖는 아이, 자녀가 구하는 것을 건네주는 아버지에 관한 설명을 이어가셨다. 기도와 그 응답은 아버지와 아들의 관계 안에서 이루어진다. 그분의 생애 가운데 기록된 기도의 본질과 필요성에 관한 예수님의 가르침은 가히 놀라울 정도이다.

예수님은 우리를 기도의 골방으로 들여보내신다. 기도는 허영심이나 자만심으로 더럽혀지지 않은 거룩한 행위여야 한다. 기도는 은밀한 가운데 진행되어야 한다. 제자들은 은밀하게 살아가야 한다. 하나님은 거기에 살아계시고 거기에서 찾을 수 있으며 거기에서 만날 수 있다. 기도에 관한 예수님의 명령은 교만과 공공연히 드러내는 과시욕을 멀리해야 한다는 것이다.

"너는 기도할 때에 네 골방에 들어가 문을 닫고 은밀한 중에 계신 네 아버지께 기도하라. 은밀한 중에 보시는 네 아버지께서 갚으시리라"(마 6:6).

팔복은 영적인 성품을 풍성하게 단장할 뿐만 아니라 영적인 성품을 키워가는 재료이다. 이 가운데 가장 첫 번째 말씀은 영적인 성품의 기초에다 기도를 고정시켜서 뼈대를 구성하게 된다. "심령이 가난한 자는 복이 있나니." '가난하다'(poor)는 말은 거지, 곧 구걸로 살아가는 자를 뜻한다. 진짜 그리스도인은 또 다른 의미에서 지원(bounty)받으며 살아가는데 그러한 지원은 날마다 구함으로써 받게 되는 것이다. 그러니까 기도는 그리스도인의 성품, 그리스도인의 일, 그리스도인의 생명, 그리스도인의 생활을 위한 기초이다. 이것이 바로 예수님의 기도법칙으로써 우리의 존재 속으로 살포시 스며들어야 하는 일이다. 이것이 바로 그리스도인의 첫 발걸음이자 첫 호흡이다. 또한 이것이 나머지 인생을 채색하고 형성하게 된다. 가난한 자는 복이 있나니 그들이 오직 기도할 수 있기 때문이다.

기도는 그리스도인의 생명에 반드시 필요한 호흡이요
기도는 그리스도인이 태어날 때부터 필요한 공기요
기도는 죽음의 문을 넘어설 때 필요한 암호이며
그리스도인은 기도로 천국에 들어가게 된다.

기도를 통해 예수님은 온갖 자기만족, 교만, 영적인 가치 등을 자기 안에서 제거하셨다. 영이 가난한 자는 기도하는 자이다. 구걸하는 자는 하나님의 왕자이다. 그 사람은 하나님의 기업을 물려받는 상속자이다. 예수님은 한낱 쓰레기 같은 유대 전통과 규례에 따른 각종 겉치레를 단호히 배격하셨다.

"옛 사람에게 말한 바 살인하지 말라. 누구든지 살인하면 심판을 받게 되리라 하였다는 것을 너희가 들었으나 나는 너희에게 이르노니 형제에게 노하는 자마다 심판을 받게 되고 형제를 대하여 라가라 하는 자는 공회에 잡혀가게 되고 미련한 놈이라 하는 자는 지옥 불에 들어가게 되리라. 그러므로 예물을 제단에 드리려다가 거기서 네 형제에게 원망들을 만한 일이 있는 것이 생각나거든 예물을 제단 앞에 두고 먼저 가서 형제와 화목하고 그 후에 와서 예물을 드리라. 너를 고발하는 자와 함께 길에 있을 때에 급히 사화하라. 그 고발하는 자가 너를 재판관에게 내어주고 재판관이 옥리에게 내어주어 옥에 가둘까 염려하라. 진실로 네게 이르노니 네가 한 푼이라도 남김이 없이 다 갚기 전에는 결코 거기서 나오지 못하리라"(마 5:21-26).

성난 영으로, 단정하지 못하고 불손한 입술로, 화해하지 않은 마음으로, 이웃 사이에 해결되지 않은 원한을 가지고 기도하려고 시도하는 사람은 아무것도 하지 않는 것보다 더 나쁜 일을 위해 수고하는 것이다. 기도의 법칙을 깨뜨리고 자기 죄악만 더하게 된다.

기도에 관한 그리스도의 법이 얼마나 엄격하고 정확하단 말인가! 그것은 마음에 잇닿는 것이고 사랑이 그 보좌에 앉는 것을 요구하며 형제애로 사랑하는 것이다. 기도의 희생제물에는 사랑이 가미되어야 하고 사랑의 향기가 더해져야 하며 그 사랑이 내적인 부분에 스며들어야 한다. 기도의 법칙, 곧 기도를 창조하고 기도에 영감을 불어넣는 것은 바로 사랑이다.

기도는 반드시 해야 한다. 하나님은 기도가 이루어지기를 원하신다. 인간에게는 기도가 필요하며 인간은 반드시 기도해야 한다. 어떤 일이든 반드시 기도가 뒷받침되어야 한다. 그래야 기도로 말미암아 그 일이 이루어지도록 하나님이 간섭하실 것이기 때문이다. 사람들이 간절하고 끈기 있게 기도하기만 한다면 말이다.

예수님이 "내가 또 너희에게 이르노니 구하라, 그러면 너희에게 주실 것이요. 찾으라, 그러면 찾아낼 것이요. 문을 두드리라, 그러면 너희에게 열릴 것이니 구하는 이마다 받을 것이요. 찾는 이는 찾아낼 것이요. 두드리는 이에게는 열릴 것이니라"(눅 11:9-10)고 가르치신 이후에 진정으로 더 많이 기도하도록 격려하셨다. 예수님은 한층 배가된 확신으로 "구하는 이마다 받을 것이요"라고 되풀이하면서 단언하셨다. 여기에는 누구도 예외가 없다. "구하고 찾고 두드리는 모든 사람"이다. 여기서 다시 한번 무한한 진실로 그 사실이 봉인되고 확인된다. "두드리는 이에게는 열릴 것이니라"는 신적인 증명과 더불어 봉인되었을 뿐만 아니라 완결되고 서명되었다.

우리가 하나님과 우리의 관계를 통해 얼마나 많이 기도하도록 격려를 받는지 한번 주목해보라!

"너희 중에 아버지 된 자로서 누가 아들이 생선을 달라 하는데 생선 대신에 뱀을 주며 알을 달라 하는데 전갈을 주겠느냐. 너희가 악할지라도 좋은 것을 자식에게 줄줄 알거든 하물며 너희 하늘 아버지께서 구하는 자에게 성령을 주시지 않겠느냐 하시니라"(눅 11:11-13).

이 세상에서 하나님의 일과 하나님의 통치에 대한 기도의 관계는 예수 그리스도의 가르침과 실천을 통해 그분 자신에게서 가장 충분하게 예증되고 있다. 예수님은 모든 방식에서, 모든 것에서 가장 첫 번째이다. 예수님은 교회의 모든 통치자 중에서 눈에 띌 정도로 가장 두드러지는 분이시다. 예수님은 하늘 보좌에 앉아 계신다. 굉장히 소중한 황금 면류관이 그분의 것이다.

기도사역에서 예수님은 훌륭한 스승일 뿐만 아니라 훌륭한 모범이시다. 예수님이 보여주신 기도의 본보기는 풍성하고 예수님의 기도에 관한 가르침은 풍부하다. "이러므로 너희는 장차 올 이 모든 일을 능히 피하고 인자 앞에 서도록 항상 기도하며 깨어 있으라 하시니라"(눅 21:36)고 단단히 이르셨다. 이러한 가르침을 구체적으로 설명하고 강화하기 위해 불의한 재판관과 가난한 과부에 관한 놀라운 비유를 말씀하실 때 우리 주님의 가르침이 얼마나 단호하고 엄숙하단 말인가!

우리가 항상 기도하고 있어야 한다는 것은 엄중하고 구속력 있는 말씀이다. 우리가 항상 깨어서 기도하려면 용기, 인내, 끈기가 요구된다. "하물며 하나님께서 그 밤낮 부르짖는 택하신 자들의 원한을 풀어주지 아니하시겠느냐. 그들에게 오래 참으시겠느냐. 내가 너희에게 이르노니 속히 그 원한을 풀어주시리라. 그러나 인자가 올 때에 세상에서 믿음을 보겠느냐"(눅 18:7-8). 이것은 예수님의 강력하고도 성난 질문이자 단언이다. 우리는 예수님의 가르침에 따라 기도해야 한다. 우리는 기도하면서 피곤해하거나 지치지 말아야 한다.

우리 주님의 기도는 틀림없이 "주는 그리스도시요 살아계신 하나님의 아들이시니이다"라고 예수님을 향해 고백했던 베드로에게 보여주셨던 계시와 밀접한 관련이 있다. 강력하게 기도하는 것은 일정한 범위에서 우리와 관련 있는 사람들에게 영향을 미친다. 예수님은 제자로 삼으셨으며 기도함으로써 계속해서 제자를 세워가셨다. 열두 제자는 예수님의 기도에 큰 인상을 받았다. 다른 어떤 사람도 이 예수님처럼 기도하지 않았다. 사람들이 거리나 회당이나 성전에서 보고 들었던 냉랭하고 교만하며 자기 의로 가득한 기도와 예수님의 기도가 얼마나 달랐단 말인가!

예수님이 이 세상에 오셔서 가르치고 구체적으로 보여주신 위대한 진리 가운데 하나가 기도라는 사실을 우리는 잊지 말아야 한다. 기도에 관한 훌륭한 교훈을 사람들에게 가르치기 위해 그리스도께서 하늘에서 이 땅으로 찾아오신 것은 그만한 가치가 있는 여정이었다. 그것은 매우 훌륭한 교훈이라서 배우기가 무척 어려운 교훈이었다. 사람들은 자연히 이와 같은 기도의 교훈을 배우고 싶어 하지 않는다. 예수님 이외의 다른 어떤 사람도 그 교훈을 가르칠 수 없다. 그것은 멸시당하는 거지 신세로 부르심을 받는 것이면서도 웅장한 천상의 부르심을 받는 것이다. 제자들은 매우 어리석은 학생들이었지만 예수님이 하시는 기도와 기도에 관한 말씀을 들으면서 기도해야겠다는 자극을 받았다.

예수님의 인격을 전수받는다는 것은 충분하고 고상한 의미에서 단순히 필요와 의존성을 전수받는다는 게 아니었고 그럴 수도 없었다. 오히려 예수님은 단지 일반적인 필요 가운데서 가장 중요한 필요뿐만 아니라 개인적이고 영적인 갈급함이라는 측면에서 기도의 중요성을 제자들에게 강하게 심어주려고 노력하셨다.

제자들이 더 심오하고 철저한 기도훈련을 해야 할 필요성과 이와 같은 영역에서 중대한 소홀함이 있었다고 느끼는 순간이 있었다. 제자들 편에서 이처럼 깊은 자각의 시간과 열정적인 탐색의 시간 가운데 하나는 예수님이 한적한 시간과 장소에서 기도하고 계셨는데 제자들이 예수님을 보고 이렇게 말한 때였다.

"예수께서 한 곳에서 기도하시고 마치시매 제자 중 하나가 여짜오되 주여 요한이 자기 제자들에게 기도를 가르친 것과 같이 우리에게도 가르쳐주옵소서"(눅 11:1).

예수님이 기도하는 소리를 들으면서 제자들은 기도에 대한 무지와 부족을 매우 신랄하게 느꼈다. 도대체 누가 그와 같은 무지와 결핍을 느끼지 않을 수 있단 말인가? 도대체 누가 스승에게 기도에 대한 영적인 지혜를 배우고 싶어 하지 않는단 말인가?

열두 제자가 기도하지 못했던 결점에 대해 느낀 이러한 자각은 주님이자 스승이 기도하는 소리를 들으면서 시작되었지만 기도에 관해 제자들을 훈련했던 세례 요한과 비교했을 때도 역시 심각한 결함에 대해서 절실히 느끼게 되었다. 제자들이 주님의 기도 소리를 들었을 때 (주님이 기도할 때 제자들은 분명히 그 모습을 보고 들었을 것이기에 거기서 너무나 놀라울 정도로 단순하고 능력 있게, 너무나 인간적이고 신적으로 기도하신 주님을 만났을 것이 틀림없다) 그러한 기도에 제자들은 매우 강한 자극과 더불어 매력을 느꼈을 것이다. 주님이 기도하는 자리에 함께 있으면서 그 소리를 듣게 되자 제자들은 곧바로 기도에 관한 자신들의 무지와 부족을 매우 날카롭게 느꼈을 것이다. 도대체 누가 그와 같은 무지와 결핍을 느끼지 않았겠는가?

우리는 주님이 열두 제자에게만 기도훈련을 하셨다고 해서 유감으로 생각하지 않는다. 왜냐하면 우리도 제자들을 훈련하신 학교로 부르고 계시기 때문이다. 이미 우리는 그리스도의 법칙에서 그 교훈을 배웠다. 그러나 제자들이 너무나 우둔한 나머지 기도에 관한 이런 영적인 지혜를 그들에게 가르치기 위해서는 상당히 많은 인내와 반복이 요구되었다. 그와 마찬가지로 우리도 너무나 우둔한 나머지 기도학교에서 어떤 중요한 교훈을 배우기까지는 지칠 정도로 상당히 많은 끈기와 반복이 있어야 한다.

위대한 기도의 스승 예수님은 분명히, 확실히, 불가피하게 하나님이 기도에 응답하실 수밖에 없다는 사실을 명백하고 강력하게 전달하기 위해 애쓰고 계신다. 자녀는 달라고 요구해야 할 의무가 있으며 아버지는 응답할 수밖에 없을 뿐만 아니라 구하는 대로 주신다는 사실에 대해서도 마찬가지다. 예수님의 가르침에서 기도는 단지 무익하고 쓸데없는 행위나 단순한 의식이나 형식이 아니라 하나님께 응답을 달라는 요청이자 무언가를 얻기 위한 탄원이며 하나님으로부터 위대한 선(善)을 찾는 일이다. 기도는 우리가 구하는 것을 얻고 찾는 것을 찾고 두드리는 문이 열린다는 교훈이다.

예수님이 변화산에서 내려오셨을 때 우리는 주목할 만한 상황을 만나게 된다. 예수님은 대적에 맞선 제자들이 패배하여 창피를 당하고 혼란을 겪는 모습을 목격하게 된다. 한 아버지가 귀신 들린 아이를 데려와서 귀신을 쫓아내달라고 요청하였다. 제자들은 귀신을 쫓아내려 애써보았지만 허사였다. 예수님은 바로 그 일을 하라고 제자들을 보내셨지만 제자들은 여지없이 실패하고 말았다.

"집에 들어가시매 제자들이 조용히 묻자오되 우리는 어찌하여 능히 그 귀신을 쫓아내지 못하였나이까. 이르시되 기도 외에 다른 것으로는 이런 종류가 나갈 수 없느니라 하시니라"(막 9:28-29).

"이때에 제자들이 조용히 예수께 나아와 이르되 우리는 어찌하여 쫓아내지 못하였나이까. 이르시되 너희 믿음이 작은 까닭이니라. 진실로 너희에게 이르노니 만일 너희에게 믿음이 겨자씨 한 알만큼만 있어도 이 산을 명하여 여기서 저기로 옮겨지라 하면

옮겨질 것이요. 또 너희가 못할 것이 없으리라"(마 17:19-20).

제자들의 믿음이 기도를 통해 성장하지 못했다. 제자들은 기도하지 않았기 때문에 능력 있게 사역을 펼칠 만한 준비를 갖추지 못했다. 제자들은 기도하지 않았기 때문에 제대로 믿음을 발휘하지도 못했다. 하나님의 일을 제대로 수행하는 데 반드시 필요한 것은 바로 기도였다. 하나님이 우리에게 감당하라고 보내신 일은 기도 없이 이루어질 수 없다.

기도에 관한 예수님의 가르침에서 우리는 또 다른 적절한 진술을 만나게 된다. 그것은 열매 맺지 못하는 무화과나무를 저주하신 것과 깊은 관련이 있다.

"예수께서 대답하여 이르시되 내가 진실로 너희에게 이르노니 만일 너희가 믿음이 있고 의심하지 아니하면 이 무화과나무에게 된 이런 일만 할 뿐 아니라 이 산더러 들려 바다에 던져지라 하여도 될 것이요 너희가 기도할 때에 무엇이든지 믿고 구하는 것은 다 받으리라 하시니라"(마 21:21-22).

이 단락에서 우리는 믿음과 기도, 그와 관련한 가능성과 능력을 보게 된다. 무화과나무는 우리 주 예수님의 말씀에 따라 뿌리까지 단숨에 말라버렸다. 그 말씀으로 나타난 능력과 신속한 결과는 제자들을 놀라게 했다. 예수님은 그처럼 기이한 일이 이루어졌다고 해서 놀랄 필요 없다고 제자들에게 말씀하신다. "만일 너희가 믿음이 있고 의심하지 아니하면" 기도와 믿음으로 주변에 영향을 끼칠 가능성은 단지 조그만 무화과나무에 제한되지 않고 오히려 더 거대한 바위로 가득한 산도 들려서 바다에 던져질 수 있다. 기도는 이와 같은 거대한 믿음의 능력을 발휘할 수 있도록 도와주는 지렛대이다.

목자 없이 이리저리 흩어져 방황하는 양 무리를 보시고 우리 주님의 마음이 깊은 연민으로 아팠을 때를 다시 언급하는 것은 나름대로 의미가 있다. 바로 그때 예수님은 "추수할 것은 많되 일꾼이 적으니 그러므로 추수하는 주인에게 청하여 추수할 일꾼들을 보내주소서 하라"(눅 10:2)는 명령으로 제자들에게 촉구하시면서 그분이 원하시는 대로 사역자들을 부르는 것은 하나님께 속해 있으며 이 기도에 대한 응답으로 성령님이 바로 그 일을 행하신다는 사실을 제자들에게 분명하게 가르치셨다.

하늘 창고에 이 땅의 수확물을 거두어들이는 데 필요한 일꾼들을 확보하기 위한 기도는 그 당시에 필요했던 것과 마찬가지로 지금도 반드시 필요하다. 하나님의 교회가 이와 같은 교훈이 지극히 중대하고 엄중한 중요성을 지닌다고 배운 적이 있는가? 오직 하나님만이 일꾼들을 선별하여 내보낼 수 있으며 이 같은 선별을 통해 하나님이 사람이나 교회로, 집회나 총회로, 협회나 회의로 대표단을 파견하시는 것이 아니다. 그러니까 하나님은 기도사역으로 사람들을 부르시는 이와 같은 위대한 일로 말미암아 움직이신다. 이 땅에 있는 들판은 썩어가고 있다. 기도가 없었기 때문에 이 들판은 아예 경작되지도 못했다. 일꾼은 언제나 적다. 하나님과 더불어 하는 기도가 이루어지지 않았기에 들판에서는 별다른 일이 진행되지 않고 있다.

우리는 "너희가 내 안에 거하고 내 말이 너희 안에 거하면 무엇이든지 원하는 대로 구하라. 그리하면 이루리라"(요 15:7)는 기도에 관한 주님의 고상한 가르침에서 그와 같은 기도의 약속과 기도의 능력을 매우 독특한 형태로 받아들이게 되었다.

여기서 우리는 기도의 조건으로써 우리 삶에 대해 확실한 태도를 보이게 된다. 단지 몇몇 훌륭한 원칙이나 목적을 향해 나아가면서 요구되는 것이 아니라 예수 그리스도와 함께하는 삶으로 나아갈 때 확실히 요구되는 태도와 연합이다. 예수님 안에서 사는 것, 예수님 안에 거하는 것, 예수님과 하나 되는 것, 예수님에게서 모든 생명을 얻는 것, 예수님에게서 모든 생명이 우리를 통해 흘러가도록 하는 것, 이 모든 것이 기도의 태도이자 기도의 능력이다. 예수님 안에 거하는 어떤 것도 우리 안에 거하는 그분의 말씀과 분리될 수 없다. 기도를 탄생하게 하고 기도에 영양분을 공급하는 것이 우리 안에 살아 있어야 한다. 이처럼 예수님의 인격에 대한 태도가 기도의 조건이다.

구약시대의 성도들은 "하나님이 그분의 말씀을 지극히 높여 모든 이름 위에 뛰어나게 하셨다"고 배워왔다. 그러나 신약시대의 성도들은 말씀 자체인 예수님의 입술에서 선포되는 그 말씀에 온전히 순종함으로써 그분을 높이는 법을 충분히 배워야 한다. 예수님 아래서 기도하는 자들은 모세 아래서 기도하는 자들이 배웠던 것을 배워야 한다. 곧 "사람이 떡으로만 살 것이 아니요. 하나님의 입으로부터 나오는 모든 말씀으로 살 것이라"(마 4:4).

우리를 통해 흘러가는 예수님의 생명과 우리 안에 살아 있는 예수님의 말씀, 이것은 기도에 권세를 부여한다. 그것은 기도에 영을 불어넣고 기도의 몸과 피와 살을 만든다. 그러니까 내 안에서 나를 통해 기도하시는 분은 예수님이시다. 또한 "내가 원하는 것은 모두 하나님의 뜻이다." 내 뜻이 곧 법이자 응답이 된다. 이는 기록된바 "무엇이든지 원하는 대로 구하라. 그리하면 이루리라"(요 15:7).

우리 주님은 일찍부터 우리의 기도가 열매를 맺도록 하셨다.

"너희가 나를 택한 것이 아니요. 내가 너희를 택하여 세웠나니 이는 너희로 가서 열매를 맺게 하고 또 너희 열매가 항상 있게 하여 내 이름으로 아버지께 무엇을 구하든지 다 받게 하려 함이라"(요 15:16).

열매 맺지 못하면 기도할 수 없다. 오직 열매 맺는 능력과 실재만이 기도할 수 있다. 그것은 과거의 열매가 아니라 현재의 열매이다. 그 열매가 언제나 남아 있게 하려는 것이다. 열매, 곧 삶의 소산(所産)은 기도의 조건이다. 많은 열매를 맺을 만한 정도로 활발한 생명은 기도의 조건이자 원천이다.

"그날에는 너희가 아무것도 내게 묻지 아니하리라. 내가 진실로
진실로 너희에게 이르노니 너희가 무엇이든지 아버지께 구하는
것을 내 이름으로 주시리라. 지금까지는 너희가 내 이름으로 아
무것도 구하지 아니하였으나 구하라. 그리하면 받으리니 너희
기쁨이 충만하리라"(요 16:23-24).

기도는 수수께끼를 푸는 게 아니고 무슨 신비를 드러내는 것도
아니며 마냥 호기심 어린 질문을 토해내는 일도 아니다. 이것은 성령
에 대한 우리의 태도도 아니고 성령의 섭리 아래서 이루어지는 우리
의 일이 아니라 단지 기도하는 것이며 주로 기도하는 것이다. 진짜
기도를 많이 하면 할수록 사람의 기쁨과 하나님의 영광이 배가된다.

예수님은 "너희가 내 이름으로 무엇을 구하든지 내가 행하리니"
라고 말씀하고 계시며, 그러면 하나님 아버지께서 주실 것이다. 성
부와 성자는 둘 다 우리가 구하는 바로 그것을 주겠다고 서약하셨
다. 유일한 조건은 오직 예수님의 이름으로 구해야 한다는 점이다.
이것은 예수님의 이름에 신비한 마력이 있어서 어떤 마법으로 귀중
한 것을 줄 수 있다는 뜻이 아니다. 또한 예수님의 이름이 진주처럼
아름답게 장식되어 있어서 기도에 어떤 소중한 가치를 부여한다는
뜻도 아니다. 이것은 다정한 향기를 풍기면서 우리의 기도와 행위를

채색하고 마무리하는 예수님의 이름이 어떤 행위를 보증해 준다는 뜻도 아니다. 이 얼마나 두려운 선언이란 말인가!

"나더러 주여 주여 하는 자마다 다 천국에 들어갈 것이 아니요. 다만 하늘에 계신 내 아버지의 뜻대로 행하는 자라야 들어가리라. 그날에 많은 사람이 나더러 이르되 주여 주여 우리가 주의 이름으로 선지자 노릇하며 주의 이름으로 귀신을 쫓아내며 주의 이름으로 많은 권능을 행하지 아니하였나이까 하리니 그때에 내가 그들에게 밝히 말하되 내가 너희를 도무지 알지 못하니 불법을 행하는 자들아 내게서 떠나가라 하리라"(마 7:21-23).

주의 이름으로 일했다고 주장하는 이처럼 위대한 사역자와 행위자들의 운명이 얼마나 참담하단 말인가! 예수님의 이름으로 구한다는 것은 단지 감정, 장황한 말, 복잡한 용어를 훨씬 넘어선다는 뜻이다. 그것은 주님에게 도움을 드리는 자리에 서고 주님의 본성을 간직하며 주님이 추구하는 모든 것, 곧 공의, 진지, 거룩함, 열정 등을 추구하는 것이다. 그것은 예수님이 영과 뜻과 목적에서 하나 되신 것처럼 하나님과 하나 된다는 의미이다. 그것은 그분의 아들을 통해 우리의 기도가 오직 유일하게 하나님의 영광을 위한다는 뜻이다. 그것은 우리가 예수님 안에 거한다는 뜻이다. 예수님이 우리를 통해 기도하시고 우리 안에 살아계시며 우리로부터 빛을 발하신다는 뜻이다. 또한 우리가 하나님의 뜻에 따라 성령으로 기도한다는 뜻이다.

제자들을 사로잡고 있는 무지몽매함과 더불어 겟세마네의 어둠 가운데서 우리는 아둔한 제자들을 향한 예수님의 날카로운 경고를 듣게 된다. "시험에 들지 않게 깨어 기도하라. 마음에는 원이로되 육신이 약하도다"(마 26:41, 막 14:38). 단지 우리의 삶에 닥쳐오는 커다란 위기에만 대처하는 게 아니라 온 사방에 두루 널리 퍼져 있는 고난과 위험으로 점철된 인생과 불가분 끊임없이 동참하는 자로서 그러한 경고에 얼마나 귀를 기울이고 모든 능력을 동원하고 일깨워야 한단 말인가!

예수님이 지상사역을 마무리하는 시기가 다가오고 더욱 크고 강력한 성령님의 섭리가 점점 더 가까워지자 기도에 관한 예수님의 가르침은 훨씬 더 흥미진진하고 고차원적인 형태를 띠게 된다. 예수님과 기도의 연관성은 더욱 친밀하고 절대적이 된다. 예수님은 우리의 구원과 관련된 다른 모든 것 안에서 기도를 통해 온전히 그분 자신이 되고 출발점이자 종착지이며 처음이자 마지막이 된다. 예수님의 이름은 모든 능력이 된다. 강력한 역사는 그분의 이름으로 기도할 수 있는 믿음으로 이루어지게 된다. 그분의 본성과 마찬가지로 그분의 이름은 온갖 필요를 포괄하고 온 세계를 포용하며 모든 선을 포함한다.

"내가 아버지 안에 거하고 아버지는 내 안에 계신 것을 네가 믿지 아니하느냐. 내가 너희에게 이르는 말은 스스로 하는 것이 아니라 아버지께서 내 안에 계셔서 그의 일을 하시는 것이라. 내가 아버지 안에 거하고 아버지께서 내 안에 계심을 믿으라. 그렇지 못하겠거든 행하는 그 일로 말미암아 나를 믿으라. 내가 진실로 진실로 너희에게 이르노니 나를 믿는 자는 내가 하는 일을 그도 할 것이요. 또한 그보다 큰일도 하리니 이는 내가 아버지께로 감이라. 너희가 내 이름으로 무엇을 구하든지 내가 행하리니 이는 아버지로 하여금 아들로 말미암아 영광을 받으시게 하려 함이라. 내 이름으로 무엇이든지 내게 구하면 내가 행하리라"(요 14:10-14).

그리하여 성부와 성자와 기도하는 자가 모두 함께 묶이게 된다. 만물이 예수님 안에 있으며 만물은 예수님의 이름으로 올려드리는 기도 안에 있다. "내 이름으로 무엇이든지 내게 구하면 내가 행하리라." 하나님의 거대한 창고를 여는 열쇠는 기도이다. 예수님보다 더 큰 일을 행하는 능력은 진정으로 기도하는 가운데 진실로 그분의 이름을 붙잡을 수 있는 믿음에 있다.

예수님의 생애 막바지에 이르러서 사람들에게 노출된 수많은 악을 막는 예방책으로써 예수님이 얼마나 기도를 촉구하시는지 한번 주목해보라. 예루살렘의 멸망에 대한 일시적이고 두려운 공포를 바라보면서 예수님은 사람들에게 이와 같은 영향력에 대해 이렇게 경고하신다. "너희가 도망하는 일이 겨울에나 안식일에 되지 않도록 기도하라"(마 24:20 막 13:18).

이생에서 얼마나 많은 악이 오직 기도로 벗어날 수 있단 말인가! 얼마나 많은 일시적인 재앙이 완전히 사라지지는 않더라도 오직 기도로만 누그러뜨릴 수 있단 말인가! 이 세상에서 우리가 노출된 과도한 것과 멍하게 만드는 영향력 아래서, 과연 어떻게 예수님이 우리에게 기도하라고 촉구하시는지 한번 주목해보라.

> "이와 같이 너희가 이런 일이 일어나는 것을 보거든 하나님의 나라가 가까이 온 줄을 알라. 내가 진실로 너희에게 말하노니 이 세대가 지나가기 전에 모든 일이 다 이루어지리라. 천지는 없어지겠으나 내 말은 없어지지 아니하리라. 너희는 스스로 조심하라. 그렇지 않으면 방탕함과 술취함과 생활의 염려로 마음이 둔하여지고 뜻밖에 그날이 덫과 같이 너희에게 임하리라. 이날은 온 지구상에 거하는 모든 사람에게 임하리라. 이러므로 너희는 장차 올 이 모든 일을 능히 피하고 인자 앞에 서도록 항상 기도하며 깨어 있으라 하시니라"(눅 21:31-36).

예수 그리스도께서 심판 날에 언제 오실지, 우리가 이 세상을 언제 떠날지 제대로 알지 못하는 불확실성을 바라보면서 예수님은 이렇게 말씀하셨다.

"그러나 그날과 그때는 아무도 모르나니 하늘에 있는 천사들도 아들도 모르고 아버지만 아시느니라. 주의하라. 깨어 있으라. 그 때가 언제인지 알지 못함이라"(막 13:32-33).

요한복음 14장부터 17장에서 발견되는 열두 제자와의 마지막 면 담으로 제시되는 예수님의 말씀은 우리에게 매우 포괄적인 의미를 전해준다. 이것은 진실하고 엄숙한 고별사다. 제자들은 주님이자 스 승의 인격적인 임재에 대한 수고, 위험, 상실을 겪는 영역 속으로 빠 져들어 갔다. 여기서 제자들은 기도야말로 모든 영역에서 자신을 도 와줄 것이며, 기도를 활용하고 기도의 무한한 가능성이 어느 정도 자신의 상실감을 풀어줄 것이며, 기도로 예수 그리스도와 하나님 아 버지의 모든 가능성을 행할 수 있을 것이라는 강한 인상을 받았음에 틀림없다.

그것은 예수 그리스도께서 매우 큰 관심을 두는 사건이었다. 그 분의 일은 죽으심과 부활하심으로 말미암아 절정에 이르러 면류관 을 받는 것이었다. 성령님의 통제와 지도로 그리스도의 영광과 그분 의 일을 성공적으로 수행하는 것은 사도들에게 위임되어야 했다. 사 도들에게는 예수님이 떠나야 한다는 사실이 너무나 확실해서 그게 이상할 정도로 놀라운 시간이었으며 특이하고도 신비로운 슬픔의 시간이었다. 다른 모든 사람에게도 어둡고 쉽게 이해하기 어려운 시 간이었다.

예수님은 사도들에게 고별사를 전하고 고별기도를 하셔야 했다. 엄숙하고 꼭 필요한 진리가 그 시간을 통해 전해지는 무거운 충고였다. 예수님은 사도들에게 천국에 대해 말씀하셨다. 아무리 젊고 강한 사람이라 할지라도 사도들은 말씀을 전파하는 사도적인 삶을 제대로 감당할 수 없었을 것이다. 만약 천국에 관한 사실, 생각, 소망 등을 소유하고 있지 않다면 말이다. 이러한 것은 매우 달콤하게, 아주 활기차게, 무척 신선하게, 몹시 선명하게 계속해서 제시되어야 했다.

예수님과 사도들의 영적이고 의식적인 연결, 곧 영속적인 내주하심이 너무나 친밀하고 지속적인 나머지, 마치 포도나무의 생명력이 그 가지로 흘러 들어가는 것과 마찬가지로 예수님 자신의 생명이 사도들에게로 흘러 들어간다고 역설하셨다. 사도들의 생명과 열매는 여기에 달려 있었다. 그러니까 기도는 꼭 필요하고 본질적인 원동력 가운데 하나로써 사도들에게 촉구되었다. 이것은 모든 신성한 힘이 의존하는 유일한 길이며 그로 말미암아 사도들의 사역 가운데 신성한 생명과 능력이 확실히 보장되고 지속되는 대로이자 대리자였다.

예수님은 사도들에게 기도에 관해 말씀하셨다. 예수님은 사도들이 함께 머물러 있을 때 이처럼 매우 위대한 주제에 관해 아주 많은 교훈을 가르치셨다. 예수님은 자신의 가르침을 온전하게 하려고 이처럼 엄숙한 시간을 놓치지 않고 꽉 붙잡고 계셨다. 사도들은 하나님 안에서 다함 없고 무한한 보물 창고를 소유하고 있으며, 언제든지, 무엇이든지 아낌없이 나누어주시는 그분께로 나아갈 수 있다는 사실을 분명히 깨달아야 했다. 사도 바울이 여러 해 뒤 빌립보 교인들에게 이렇게 말했던 것처럼 말이다.

"나의 하나님이 그리스도 예수 안에서 영광 가운데 그 풍성한 대로 너희 모든 쓸 것을 채우시리라. 하나님 곧 우리 아버지께 세세 무궁하도록 영광을 돌릴지어다. 아멘"(빌 4:19-20).

예수 그리스도의 삶에 관한 성경 기록은 그분의 분주한 행적, 수많은 말씀 가운데 아주 적은 분량을 선별한 내용, 그리고 위대한 사역 가운데 매우 간략한 기록만을 대략 훑어보게 한다. 그러나 이와 같은 기록에서도 우리는 기도하고 계시는 주님을 상당히 많이 발견하게 된다. 비록 자기 삶의 엄중한 긴장과 수고 때문에 분주하고 지쳐 있었지만 예수님은 "새벽 아직도 밝기 전에 예수께서 일어나 나가 한적한 곳으로 가사 거기서 기도하셨다"(막 1:35). 한적하고 어두운 광야에서 오직 하나님과 함께 시간을 보내셨다.

기도는 예수님께서 이 세상에 계시는 동안 주님의 삶을 가득 채웠다. 예수님의 삶은 끊임없이 기도의 감미로운 향취를 올려드리는 흐름이었다. 예수님의 삶은 오직 기도의 삶이었다는 사실을 깨달을 때 우리는 예수님을 닮는 것은 예수님처럼 기도하는 것이며 예수님 처럼 살아가는 것이라고 결론짓게 된다. 진지한 삶이란 예수님이 기도하신 것처럼 기도하는 삶이다.

우리는 예수님의 기도를 연대기적 순서에 맞춰 그대로 따라갈 수는 없다. 우리는 예수님이 어떤 발자취를 따라 신성한 기도의 기술과 능력을 발전시키셨는지 잘 알지 못한다. 요단강에서 세례 요한에게 세례를 받는 동안에도 예수님은 몸소 기도하고 계셨다. 3년의 공생애 기간을 보내고서 온갖 두려움, 고통, 고난, 수치 등의 끔찍한 세례를 당하는 가운데 자기 인생의 드라마를 끝내셨을 때 우리는 영으로 기도하는 주님을 만나게 된다.

요단강의 세례뿐만 아니라 십자가상의 세례는 기도로 성별된다. 예수님은 마지막 한숨의 기도 호흡을 내쉬면서 하나님께 자기의 영을 의탁하셨다. 예수님이 보여주신 최초의 행동뿐만 아니라 최초로 기록된 발언에서 우리는 최초의 교훈이자 제자들의 첫 임무에 관해 제자들을 가르치는 모습을 보게 된다. 십자가의 어두운 그림자 아래서, 자신이 택한 제자들을 마지막으로 접견하는 긴박하고도 엄중한 자리에서도 예수님은 그와 같은 매우 중대한 일, 곧 이 세상의 선생들에게 기도하는 법을 가르치고 계셨다. 그 사람들의 입술과 마음에서 하나님이 맡기신 진리가 흘러나오도록 기도하게 만들기 위해 애쓰고 계셨다.

예수님의 생애 가운데 가장 위대한 시기는 기도와 더불어 창출

되고 기도로 말미암아 면류관을 쓰게 되었다. 예수님의 어린 시절, 집에 머물러 있는 동안 어떤 기도 습관을 지녔는지, 나사렛에 있는 동안 목수로서 어떻게 일하셨는지에 관해서는 알 수 없다. 하나님은 그 부분을 감추어 두셨으며 아무리 추측하고 심사숙고해 보아도 소용없고 혼란을 부채질할 뿐만 아니라 오히려 교만하고 불순한 의도를 드러낼 뿐이다. 그것은 하나님이 숨겨놓으신 것을 주제넘게 찾아 헤매는 꼴이고 기록된 말씀 이상으로 지혜로워지기를 추구하도록 만들 것이며 하나님이 그분의 계시로 덮어놓으신 장막을 들어 올리려고 애쓰는 시도일 뿐이다.

우리는 예수님을 유명한 사람, 선지자, 설교자로 만난다. 예수님은 하나님의 부르심을 따라 고향인 나사렛과 목공소를 떠나셨다. 예수님은 이제 전환기에 와 계신다. 예수님은 위대한 사역을 위해 나아왔다. 요한의 세례와 성령의 세례는 그와 같은 일을 위한 준비 단계였으며 예수님이 필요한 자격을 갖추도록 하였다. 이처럼 획기적인 과도기에는 기도가 특징적으로 나타났다.

"백성이 다 세례를 받을 새 예수도 세례를 받으시고 기도하실 때에 하늘이 열리며 성령이 비둘기 같은 형체로 그의 위에 강림하시더니 하늘로부터 소리가 나기를 너는 내 사랑하는 아들이라. 내가 너를 기뻐하노라 하시니라"(눅 3:21-22).

이는 예수 그리스도의 개인 역사에서 과거와는 전혀 다른 매우 놀라운 반전이지만 그렇다고 과거와 어긋나는 그런 최고의 시간은 아니었다. 성령이 강림하여 충만하게 임재하신 것, 하늘이 열린 것, 하나님의 독생자임을 인정하는 것을 증언하는 음성, 이 모든 것은 그 상황에 대한 예수님의 기도에 따른 결과였다. 비록 그와 같은 기도로 생겨난 직접적인 반응은 아니더라도 말이다.

"예수님이 기도하고 있었던 것"과 마찬가지로 우리도 기도하고 있어야 한다. 만약 우리가 예수님이 기도하신 것처럼 기도했다면 우리는 예수님처럼 되었음에 틀림없으며 예수님이 사신 것처럼 살았음에 틀림없다. 만약 우리가 예수님이 기도하신 것처럼 했더라면, 예수님이 기도 응답을 받으셨던 것처럼 우리도 기도 응답을 받았더라면 예수님의 성품, 예수님의 생명, 예수님의 영이 틀림없이 우리의 소유가 되었을 것이다.

예수님은 지금도 하늘에서 하나님 아버지 우편에 앉아 기도하고 계신다. 만약 우리가 예수님의 것이 되고 예수님을 사랑하고 예수님을 위해 살고 예수님과 친밀한 삶을 산다면 우리는 이 땅에서나 저 하늘에서나 기도하는 예수님의 삶에 내재 된 전염성을 붙잡게 될 것이다.

예수님은 모든 사람을 사랑하셨고 모든 사람을 위해 죽음을 맛보셨으며 모든 사람을 위해 중보하고 계신다. 그러므로 자신에게 이렇게 물어보자. "과연 우리가 예수 그리스도를 닮은 자들, 그분의 대표자들, 그분의 유언을 집행하는 자들인가?" 그다음으로 우리는 기도하는 가운데 그리스도의 속죄하심과 나란히 달려가야 한다. 예수 그리스도의 속죄 피는 우리의 기도에 거룩함과 능력을 부여한다. 인간 예수님이 전 인류적으로 폭넓고 충분히 인간적이었던 것과 마찬가지로 우리의 기도 역시 그래야 한다. 예수님을 믿는 사람들의 중보기도는 예수님의 일하심을 신속히 흘러가게 해야 하고 속죄하는 피가 유익한 목적을 달성하도록 해야 하며 속전을 치르고 되찾은 모든 영혼으로부터 죄의 사슬을 끊어버리도록 도와주어야 한다. 예수님이 그러셨던 것과 마찬가지로 우리도 그렇게 기도하면서 눈물을 흘리고 연민을 보여주어야 한다.

기도는 만물에 영향을 미친다. 하나님은 기도하는 사람을 축복하신다. 기도하는 사람은 하나님을 위해 기나긴 항해에 나설 뿐만 아니라 다른 사람들을 풍요롭게 하면서 자기 자신도 풍요로워진다. 자기 기도로 온 세상을 복되게 하면서 자기 자신도 역시 복을 받는다. "모든 사람을 위하여 간구와 기도와 도고와 감사를 하되 임금들과 높은 지위에 있는 모든 사람을 위하여 하라. 이는 우리가 모든 경건과 단정함으로 고요하고 평안한 생활을 하려 함이라. 이것이 우리 구주 하나님 앞에 선하고 받으실 만한 것이니"(딤전 2:1-3). 이렇게 살아가는 것이야말로 가장 부유한 삶이다.

예수님의 기도는 진실했다. 지금까지 어떤 사람도 예수님이 기도하신 것처럼 기도하지 못했다. 기도는 엄숙하고 매우 단호하게,

그리고 당당한 임무로써 예수님을 짓눌렀으며, 온갖 달콤함이 응축된, 매혹적인, 흥미진진한 왕 같은 특권이었다. 기도는 예수님의 권세에 담겨 있는 비밀, 예수님의 삶을 다스리는 법, 예수님의 수고를 뒷받침하는 영감, 예수님의 부요함, 기쁨, 친교, 힘이 솟아나는 원천이었다.

예수님께 기도는 어떤 부차적인 자리를 차지하고 있었던 게 아니라 최고로 엄격한 필요이자 삶이었고 끊임없이 열망을 만족시키는 행위였으며, 또한 온갖 무거운 책임을 감당하기 위한 준비였다. 아버지와 함께 조언과 교제를 나누면서 커다란 활력과 깊은 기쁨을 누리면서 골방에 머무는 것, 이 모든 게 바로 예수님의 기도였다. 현재의 시험들, 미래의 영광, 그리스도의 교회사, 모든 시대와 마지막 시대의 제자들이 겪는 온갖 갈등과 위험들, 이 모든 것은 예수님의 기도로 말미암아 탄생하고 형성된다.

우리 주님의 삶에서 기도보다 더 두드러진 것은 없었다. 예수님은 밤새도록 기도하는 가운데 사탄과 싸우셨고 교제하는 과정에서 승리를 쟁취하셨다. 예수님은 기도를 통해 천국을 임대하셨다. 모세와 엘리야와 변화산의 영광이 예수님의 기도를 기다리고 있었다. 예수님의 기적과 가르침도 역시 같은 원천에서 힘을 얻었다. 겟세마네 동산의 기도는 갈보리를 평온과 영광으로 물들였다.

우리에게 있는 대제사장의 기도는 이 땅에서 교회사를 형성하는 동시에 교회의 승리를 촉진한다. 기도하라는 영감과 명령을 내리는 것은 바로 이 세상에 계시는 동안 예수님의 기도생활이다. 이것은 기도의 가치, 본질, 필요성에 대한 얼마나 놀라운 설명이란 말인가! 예수 그리스도의 인격을 전수받는 것은 기도를 전수받는 것이다. 기도에 대한 그리스도의 가르침과 실천을 위한 강령은 "사람들이 항상 기도하며 깨어 있어야 한다"(눅 21:36, 마 26:41, 막 14:38 참고)는 것이다.

유대인들이 자기네 족장들의 이름으로 기도하면서 하나님과 맺은 언약으로 자기들에게 허락된 특권을 염원하는 것과 마찬가지로 우리에게는 커다란 특권이 있으며, 더욱 강력하고 포괄적이며 더욱 권위 있고 신성한 새로운 이름과 언약이 있다. 하나님의 아들이 존엄과 영광과 권세에서 족장들보다 훨씬 더 높임을 받는 한 우리의 기도는 결과의 크기, 영광, 능력이라는 영역에서 유대인들을 훨씬 능가해야 한다.

예수님은 하나님 아버지께 기도하셨다. 예수님은 단순하고도 직접적으로 그 아버지의 매력적이고 존경스러운 품 안으로 가까이 다가가셨다. 이 예수님을 사로잡고 있는 커다란 확신 속에는 지독하게 자신을 짓누르는 두려움이라고는 전혀 찾아볼 수 없었다.

예수님은 자기 삶, 일, 가르침에 기도함으로써 면류관을 씌우셨다. 예수님의 정해진 다른 모든 영광이 아직 어두운 밤 속에서 희미하게 자라나고 있을 때, 과연 어떻게 하나님 아버지께서 예수님의 세례와 변화산 사건에서 보여주신 기도 응답의 영광으로 예수님과

의 관계를 증언하실 뿐만 아니라 얼마나 그 영광으로 옷 입히시는지 아는가! 우리가 단 하나의 영감과 목적을 짊어지고 또 짊어지게 될 때 기도에는 얼마나 전능한 능력이 잠재되어 있는지 아는가!

"하나님 아버지여, 당신의 이름을 영화롭게 하소서!" 이것은 모든 것을 감미롭게 하고 찬란하게 만들며 정복하게 하고 쟁취하게 만든다. "하나님 아버지여, 당신의 이름을 영화롭게 하소서!" 이처럼 우리를 인도하는 별은 가장 어두운 밤을 밝히고 가장 거친 폭풍우도 잠잠하게 하며 우리를 용감하고 진실하게 만들 것이다. 그건 장엄한 원칙이다. 그건 최고로 당당한 그리스도인을 만들 것이다.

예수님의 삶과 가르침 속에서 너무나 명백하게 드러난 기도의 범위와 능력은 단지 하나님의 위대한 목적을 계시할 뿐이다. 그것은 예수 그리스도의 인성 속에서 나타나는 실재와 충만 가운데서 아들을 계시할 뿐만 아니라 하나님 아버지도 계시한다.

예수님은 자녀처럼 기도하셨다. 자녀의 영이 그리스도에게서 발견되었다. 나사로의 무덤에서 "예수께서 눈을 들어 우러러 보시고 이르시되 아버지여 내 말을 들으신 것을 감사하나이다. 항상 내 말을 들으시는 줄을 내가 알았나이다"(요 11:41-42). 다시금 우리는 이와 같은 방식을 따라 기도하시는 예수님의 음성을 듣게 된다.

"그때에 예수께서 성령으로 기뻐하시며 이르시되 천지의 주재이신 아버지여 이것을 지혜롭고 슬기 있는 자들에게는 숨기시고 어린아이들에게는 나타내심을 감사하나이다. 옳소이다. 이렇게 된 것이 아버지의 뜻이니이다. 내 아버지께서 모든 것을 내게 주셨으니 아버지 외에는 아들이 누구인지 아는 자가 없고 아들과 또 아들의 소원대로 계시를 받는 자 외에는 아버지가 누구인지 아는 자가 없나이다"(눅 10:21-22).

다른 여러 경우에서도 우리는 하나님을 자기 아버지로 언급하면서 기도하는 예수님의 모습을 발견하게 된다. 거기서도 아버지에게 무엇인가를 요청하는 자녀의 태도를 연상하게 된다. 이 얼마나 확신에 찬 단순하고 소박한 모습이란 말인가! 이런 자녀의 영에는 얼마나 재빨리, 자유롭게, 충분히 다가갈 수 있는 자세가 두루 포함되어 있단 말인가! 이 얼마나 전폭적인 신뢰이고 놀라운 확신이며 부드러운 관심이란 말인가! 이 얼마나 심오한 고독이며 하나님 아버지 편에서는 부드러운 연민이란 말인가! 어떻게 존경심이 경외심으로 심화되고 있단 말인가! 도대체 어떻게 사랑하는 순종과 감사하는 감정이 그 자녀의 마음에서 밝히 빛나게 되는가! 얼마나 거룩한 교제와 왕 같은 친밀함이 존재하는가! 얼마나 성스럽고 달콤한 감정이 샘솟는가! 이 모든 것은 하나님의 자녀가 하늘에 계신 하나님 아버지를 만나고 그 아버지께서 자녀를 만나는 기도시간에 이루어진다. 만약 우리가 자녀로서 구하게 된다면 틀림없이 자녀로서 살아가게 될 것이다. 기도의 영은 자녀의 영을 통해 탄생하게 된다.

이와 같은 부자관계에서 나타나는 심오한 경외심은 온갖 부적절한 친숙함뿐만 아니라 온갖 경솔함, 경박함, 주제넘은 건방진 태도 따위를 영원히 배제시켜야 한다. 엄숙함과 진지함이 기도시간을 사로잡아야 한다. 아버지의 이름으로 하나님께 호소하면서 하나님의 은혜롭고 인정 많은 사랑을 깨달은 예배자는 그와 동시에 하나님의 영광스러운 위엄을 기억하고 인식해야 한다. 그것은 소멸되지 않으며 오히려 그 자신의 부성애를 통해 최고 상태로 강화된다. 신성한 위엄 앞에 경외심과 경의를 가지고 연합되지 않는다면 아버지이신 하나님께 호소하는 것은 하나님의 성품에 대한 이해 부족을 드러내고야 말 것이다. 또한 우리는 자녀로서 필요한 여러 가지 속성에 대한 부족함을 드러낼 수밖에 없을 것이다.

히브리서 5장 7절은 우리 주님의 기도 습관에 관해 간략하고 포괄적인 진술을 내놓는다. "그는 육체에 계실 때에 자기를 죽음에서 능히 구원하실 이에게 심한 통곡과 눈물로 간구와 소원을 올렸고 그의 경건하심으로 말미암아 들으심을 얻었느니라." 우리는 주님의 기도에 관한 이와 같은 묘사를 통해 위대한 영적인 힘이 발휘되고 있음을 보게 된다. 예수님은 "심한 통곡과 눈물로 간구와 소원"으로 기도하셨다. 그건 전혀 형식적이거나 불확실한 노력이 아니었다. 예수님은 강력하고 인격적이고 실제적이셨다. 예수님은 하나님의 선(善)을 탄원하는 자였다. 예수님은 엄청난 필요에 처해 있었으며 분명히 '심한 통곡'으로 부르짖어야 했을 터인데 이것은 눈물로 말미암아 훨씬 더 강력해졌을 것이다.

하나님의 아들은 번뇌 속에서 씨름하고 있었다. 예수님의 기도는 단지 어떤 단순한 영역을 감당하는 게 아니었다. 그분의 영혼은 온통 거기에 집중되었으며 그분의 모든 역량은 매우 커다란 긴장 요소에 초점을 맞추고 있었다. 그렇기에 우리는 그 자리에 가만히 멈춰서 예수님을 바라보며 간절히 기도하는 법을 배워야 한다. 우리를 가로막는 것처럼 보이는 기도의 싸움에서 승리하는 법을 배워야 한다. 여기서 참 멋진 말은 "경건하심으로 말미암아"인데 이것은 신약성경에서 단 두 번밖에 등장하지 않는 단어로써 하나님에 대한 경외심을 일컫는다.

예수님은 언제나 자기 일로 분주한 사람이었지만 너무 바빠서 기도조차 할 수 없을 정도는 아니었다. 가장 신성한 일에 온통 마음을 쏟고 끊임없이 손을 움직이면서 시간과 신경을 써야 했다. 그러나 예수님께는 심지어 하나님의 일조차도 예수님의 기도를 밀쳐내서는 안 되는 것이었다. 아무리 예수님이라 할지라도 죄악이나 고통에서 사람들을 구해내는 일이 기도하는 일을 대체해서는 안 되며, 또한 이처럼 가장 거룩한 순간의 시간이나 집중력을 최소한이라도 빼앗아 가서는 안 되었다.

예수님은 온종일 하나님을 위한 일로 분주하셨다. 그래서 밤을 활용하여 하나님께 기도하셨다. 낮에는 일하느라 밤에 기도할 수밖에 없었다. 밤에 기도함으로써 낮에 일하는 사역을 거룩히 구별하여 성공적으로 행하셨다. 그러므로 너무 바빠서 기도할 수 없는 것은 우리의 신앙을 무덤으로 만들며 더욱이 그 신앙을 죽게 만든다.

예수 그리스도는 확연히 두드러질 정도로 기도의 사람이셨다. 예수님의 생애에서 획기적인 사건은 기도로 말미암아 발생하였고, 또한 그분의 생애에서 다른 모든 소소한 세부적인 일, 대략적인 일과 형식은 기도로 영감을 불어넣게 되었으며 충만해지게 되었다. 예수님의 기도 언어는 성스러운 언어였다.

그 언어를 사용하여 예수님이 하나님에게 말하고, 그것을 통해 하나님이 계시되고 기도가 구체적으로 설명되고 강화되었다. 여기에는 가장 순수한 형태의, 가장 강력한 능력의 기도가 있었다. 마치 온 땅과 하늘이 머리와 눈을 가장 넓게 열고 예수님의 기도 소리를 붙잡으려고 하는 것처럼 보였다. 그분은 가장 진실한 하나님이자 가장 진실한 사람이었고 가장 신성한 간구자였으며 지금까지 어떤 인간도 그렇게 기도하지 않았던 모습으로 기도하셨다. 그분의 기도는 우리에게 기도의 영감과 양식을 제공한다.

예수님의 기도와 찬양 가운데 감동적이고 장엄한 승전가 중의 하나가 마태복음과 누가복음에 기록되어 있는데 아주 조그만 어구상의 대조와 더불어 세부적인 묘사나 주변 환경이 다양하게 등장한다. 예수님은 자기 사역의 빈약한 결과를 되돌아보면서 하나님의 사랑과 자비를 막대하게 동원하는데도 불구하고 사람들의 반응이 시원찮다고 말씀하셨다. 예수님은 하나님께 감사하지 않는 사람들의 태도를 나무라면서 한층 더 늘어난 기회, 은총, 책임에도 불구하고 무관심으로 나타나는 끔찍할 정도의 파괴적인 결과에 주목하고 계셨다.

이러한 꾸지람, 비난, 고뇌의 과정을 거치는 와중에 70인의 제자들이 사역 결과를 보고하기 위해 돌아왔다. 이 제자들은 성공에 고무되어 유쾌한 기분으로 충만했으며 조금도 자기만족에 도취되지 않으면서도 그와 같은 기분을 진솔하게 나타냈다. 예수님의 영은 제자들의 활기로 기분을 전환하여 충분히 누그러졌고 새롭게 충전되었으며 제자들의 기쁨에 어느 정도 전염되었다. 또한 제자들의 승리를 공유했다. 예수님은 기뻐하고 감사했으며 그 간명한 보고와 영감과 계시 덕분에 놀라운 기도를 하셨다.

"그때에 예수께서 성령으로 기뻐하시며 이르시되 천지의 주재이신 아버지여 이것을 지혜롭고 슬기 있는 자들에게는 숨기시고 어린아이들에게는 나타내심을 감사하나이다. 옳소이다. 이렇게 된 것이 아버지의 뜻이니이다. 내 아버지께서 모든 것을 내게 주셨으니 아버지 외에는 아들이 누구인지 아는 자가 없고 아들과 또 아들의 소원대로 계시를 받는 자 외에는 아버지가 누구인지 아는 자가 없나이다"(눅 10:21-22).

예수님의 생명은 하나님 아버지의 형상 안에 있다. 예수님은 "하나님의 영광의 광채시요 그 본체의 형상"이시다. 이처럼 예수님께 있는 기도의 영은 하나님의 뜻을 행하는 것이었다. 예수님의 끊임없는 발현은 자기 뜻이 아니라 하나님 아버지의 뜻을 행하려는 것이었다. 예수님의 생애 가운데 끔찍한 위기가 겟세마네에서 찾아왔을 때, 자신을 짓누르는 모든 인간의 죄악과 슬픔의 압도적인 무게를 비롯하여 온갖 어둠과 무시무시함과 공포가 찾아왔을 때, 그분의 영과 골격이 부수어지고 거의 모든 것을 끝내버리려고 할 때 예수님은 거기에서 벗어나고자 울부짖었으나 그 후로부터 이어지는 일들은 자기 뜻에 따른 게 아니었다. 그건 단지 하나님의 방법으로 하나님의 도우심을 통해 연약함과 죽음에서 벗어나게 해달라는 호소였을 뿐이다. 만약 어떤 구원이 임했다고 하더라도 하나님의 뜻이 예수님의 구원에 필요한 법칙이자 규칙이 되어야 했다.

그러므로 기도하는 가운데 예수님을 따르는 자는 모든 기도에서 자기 자신의 법과 규칙과 영감으로써 하나님의 뜻을 소중히 간직하고 있어야 한다. 그것이 바로 진정으로 기도하는 사람이다. 그 생명력과 성품은 골방으로 흘러 들어간다. 거기에는 상호작용과 반작용이 있다. 골방은 성품을 형성하는 일과 상당히 많은 관련이 있지만 그 성품은 골방을 만드는 것과 상당히 많은 관련이 있다. 그것이 바로 "의인의 간구는 역사하는 힘이 큼이니라"(약 5:16)는 말씀에 담긴 뜻이다. 그것이 바로 "주를 깨끗한 마음으로 부르는 자들과 함께"(딤후 2:22) 우리가 본받아야 할 것이다.

예수님은 사람 중에서 가장 거룩하므로 가장 훌륭한 기도자셨다. 예수님의 성품은 기도하는 성품이셨다. 예수님의 영은 기도의 삶과 능력으로 가득 채워져 있었다. 예수님은 가장 유창하고 가장 빛나는 상상력을 동원하고 가장 풍성한 은사를 활용하며 가장 불타는 열정을 쏟아붓는 가장 잘나가는 기도자라기보다는 오히려 그와 같은 그리스도의 영을 대부분 체화한 기도자셨다.

예수님의 성품을 가장 가깝게 닮은 사람에게 하나님의 능력이 부어지고 하나님의 인격과 뜻이 계시된다.

"천지의 주재이신 아버지여 이것을 지혜롭고 슬기 있는 자들에게 는 숨기시고 어린아이들에게는 나타내심을 감사하나이다. 옳소 이다. 이렇게 된 것이 아버지의 뜻이니이다"(눅 10:21, 마 11:25).

예를 들면 자기 눈에 스스로 지혜로워 보이는 사람들, 글을 잘 쓰고 교양 있고 학식 있는 사람들, 철학자, 서기관, 의사, 랍비들에 게는 오히려 그게 보이지 않는다. 여기서 "슬기 있는 자"란 통찰, 이 해력, 표현력을 바탕으로 모든 것을 통합할 수 있는 사람이라는 뜻 이다.

자기 자신과 자기 뜻에 대한 하나님의 계시는 이성, 지성, 또는 훌륭한 학식으로 찾을 수 있거나 이해될 수 있는 게 아니다. 훌륭한 사람과 위대한 사상가들은 자신의 교양과 총명함이나 지혜로 말미 암아 오히려 하나님의 계시를 흘려보내는 통로나 수탁자가 되는 게 쉽지 않다. 구속과 섭리를 통해 일하시는 하나님의 체계는 단지 학 식 있고 지혜로운 자들에게만 열려 있다고 생각할 수 없다. 오직 자 기의 학식과 지혜만 따라가는 학식 있고 지혜로운 사람들은 슬프게 도 언제나 하나님의 생각과 하나님의 방법을 놓쳐왔다.

하나님의 계시를 받고 하나님의 진리를 붙잡는 조건은 머리에 있는 게 아니라 마음에 있다. 그것을 받고 찾아 나설 수 있는 능력은 마치 어린아이나 아기의 능력과 마찬가지며 유순함과 온순함, 천진난만함, 단순함의 동의어이다. 이런 것이 바로 하나님이 자신을 사람들에게 계시하시는 조건이다. 세상의 지혜로는 하나님을 알 수 없다. 세상의 지혜로는 하나님을 받아들일 수도, 이해할 수도 없다. 왜냐하면 하나님은 사람들의 머리가 아니라 마음에 자신을 계시하시기 때문이다. 오직 마음만이 하나님을 알 수 있고 하나님을 느낄 수 있으며 하나님을 볼 수 있다. 또한 책 중의 책인 성경을 통해 하나님을 읽을 수 있다.

하나님은 머리로 이해될 수 있는 분이 아니라 가슴으로 느껴져야 한다. 세상은 철학이 아니라 계시로 하나님께 다다르게 된다. 하나님을 이해하기 위해서는 이해력이나 정신적인 능력이 필요한 게 아니다. 오히려 우리에게 필요한 것은 유연성과 적응력, 감동할 수 있는 능력이다. 세상이 하나님께 다다르고 하나님을 꽉 붙잡는 것은 단단하고 강력하고 엄격하고 훌륭한 추론이 아니라 넓고 부드럽고 순수한 마음을 통해서다. 사람들에게는 하나님을 보기 위한 빛이 필요하다기보다 오히려 하나님을 느끼기 위한 마음이 필요하다.

그것이 아무리 멋지다 하더라도 인간적인 지혜, 훌륭하고 선천적인 재능, 학교에서 배운 교양 따위는 하나님의 계시된 진리를 담아놓는 저장소나 보관소가 될 수 없다. 지식의 나무는 믿음을 파괴해 왔으며 계시를 철학으로 축소하여 인간이 하나님을 판단하고 평가하려고 시도하였다. 지식의 교만함으로 말미암아 지식은 하나님을 몰아내고 하나님의 진리가 차지해야 할 자리에 그 자신을 밀어 넣었다. 이제 다시 아기가 되어 엄마의 품에 안긴 채로 아무런 소동이나 저항 없이 세상으로부터 평화롭게 젖을 떼는 것이야말로 하나님을 알 수 있는 유일한 자세이다. 표면적으로뿐만 아니라 영혼 깊숙한 곳에서 누리는 고요함을 통해 하나님은 마치 거울처럼 그분의 뜻, 그분의 말씀, 그리고 그분 자신을 비추어 주신다. 바로 이것이 하나님을 향한 태도이다. 이를 통해 하나님은 자신을 계시하시며 이와 같은 태도야말로 가장 합당한 기도의 태도이다.

우리 주님은 입으로 가르치신 것을 삶에서 구체적으로 실행하심으로써 기도에 관한 교훈을 우리에게 가르치셨다. 여기에 매우 단순하지만 아주 중요하고 의미심장한 진술이 있다.

"예수께서 즉시 제자들을 재촉하사 자기가 무리를 보내는 동안에 배를 타고 앞서 건너편으로 가게 하시고 무리를 보내신 후에 기도하러 따로 산에 올라가시니라. 저물매 거기 혼자 계시더니"(마 14:22-23).

우리 주님은 계속해서 무리를 먹이셨는데 이제는 그 무리를 흩으셨다. 아무리 치유하고 가르치는 신성한 일이라도 기도를 위한 시간, 장소, 기회가 확보될 수 있도록 잠시 보류되어야 했다. 모든 수고 가운데 가장 신성한 수고, 모든 사역 가운데 가장 중요한 사역인 기도를 위해서 말이다. 예수님은 열심히 찾아다니는 무리와 떨어져 한적한 곳으로 나아가 날이 밝을 때까지 혼자서 하나님과 함께 계셨다.

무리는 예수님을 혹사시켜 기진맥진하게 만들었다. 제자들을 재촉하여 배를 타고 바다 건너편으로 떠나가게 하셨지만 우리 주님이 무릎을 꿇고 은밀하게 기도하시던 산꼭대기에는 적막이 흐르고 있었다. 그것이 바로 기도가 다스리는 곳의 모습이다.

"그 사람들이 예수께서 행하신 이 표적을 보고 말하되 이는 참으로 세상에 오실 그 선지자라 하더라. 그러므로 예수께서 그들이 와서 자기를 억지로 붙들어 임금으로 삼으려는 줄 아시고 다시 혼자 산으로 떠나 가시니라"(요 6:14-15).

예수님은 그 순간에 하나님과 머물러 홀로 있어야 했다. 그 시간에도 유혹은 있었다. 무리는 보리떡 다섯 덩어리와 물고기 두 마리로 잔치를 벌였다. 음식을 푸짐하게 장만하고 어찌할 수 없을 만큼 커다란 흥분에 가득 휩싸인 채로 예수님을 왕으로 삼고 싶었을 것이다. 예수님은 그 유혹으로부터 도망쳐 은밀한 기도로 나아가셨다. 왜냐하면 이것이 바로 악에 맞설 수 있는 유일한 힘의 원천이었기 때문이다. 심지어 예수님도 은밀한 기도가 피난처였다니! 하물며 우리에게는 그게 이 세상의 기만적이고 현혹적인 면류관을 멀리하기 위해 얼마나 더 절실한 피난처란 말인가! 이 세상이 우리를 유혹하고 꾀어내며 끌어당길 때 혼자 하나님과 함께 머물러 있는 것이 얼마나 안전하단 말인가!

우리 주님의 기도는 성령님의 엄청난 임재, 증언하는 음성, 하늘이 열리는 것 등은 오직 기도로 말미암아 확실히 보장된다는 위대한 진리를 예언하는 동시에 아주 구체적으로 설명해준다. 이것은 예수님이 세례를 받으면서 기도하실 때 곧바로 성령이 비둘기같이 하늘에서 내려왔던 세례 요한의 세례를 통해 충분히 제시되었다. 예수님께 이 시간은 예언과 예증을 훨씬 뛰어넘는 시간이었다. 가장 고차원적인 하나님의 목적을 위해 예수님을 거룩히 구별하고 자격을 갖추도록 하는 진실하고 인격적인 중대한 시간이었다. 우리와 마찬가지로 예수님에게 기도는 가장 충만한 하나님의 능력, 성별의 능력, 자격을 갖추는 능력을 확보하기 위한 필수조건이며 절대 불변의 기본 조건이었다. 성령은 실제로 기도할 때 충만한 능력으로 예수님께 임하셨다.

성령은 우리에게도 오직 뜨겁고 강렬한 기도에 대한 응답을 통해 충만한 능력으로 임하신다. 하늘이 예수님에게 열렸으며 기도로 말미암아 하늘과 소통하는 통로와 교통이 열리고 확장되었다. 하나님의 아들 됨을 증언하는 음성이 기도하는 중에 예수님께 들려왔다. 이처럼 가까이 다가갈 수 있는 자유와 충만함, 그리고 서로 교통할 수 있는 친밀함은 기도의 유산으로써 우리에게 확실히 보장된다. 의심할 여지 없이 분명한 우리의 자녀 됨에 관한 증거 역시 기도함으로써만 보장된다. 우리의 자녀 됨을 끊임없이 증거하는 것은 오직 쉬지 않고 기도하는 사람들을 통해서만 유지될 수 있다. 그러나 기도의 흐름이 얕아지고 가로막히게 될 때 우리의 아들 됨에 대한 증거는 희미해져서 들리지 않게 된다.

03

기도 응답의 비밀을
분별하라

The Reality of Prayer _ Part 3

우리는 예수님의 황홀한 기도시간에 대한 계시와 영감으로부터, 그러한 기도의 자연스러운 귀결로써 이 땅에서 무거운 마음으로 잠 못 이루고 지쳐 있는 영혼들을 위한 은혜로운 격려의 선포를 듣게 된다는 사실에 주목해야 한다. 그것이 무거운 짐 진 영혼들의 귀에 들려왔을 때 그건 사람들의 마음에 너무나 커다란 인상을 남겼으며 그 마음을 사로잡아 빼앗기에 충분했다. 그뿐만 아니라 수고하고 무거운 짐 진 사람들에게 너무나 달콤하게 다가오면서 커다란 위로와 안도감을 심어주었다.

"내 아버지께서 모든 것을 내게 주셨으니 아버지 외에는 아들을 아는 자가 없고 아들과 또 아들의 소원대로 계시를 받는 자 외에는 아버지를 아는 자가 없느니라. 수고하고 무거운 짐 진 자들아 다 내게로 오라. 내가 너희를 쉬게 하리라. 나는 마음이 온유하고 겸손하니 나의 멍에를 메고 내게 배우라. 그리하면 너희 마음이 쉼을 얻으리니 이는 내 멍에는 쉽고 내 짐은 가벼움이라 하시니라"(마 11:27-30).

나사로의 무덤에서 나사로의 목숨을 살려내는 준비 과정으로써, 나사로가 다시 일어나도록 불러내는 조건으로써 우리는 주님이 하늘에 계신 아버지의 이름을 부르는 모습을 보게 된다.

"예수께서 눈을 들어 우러러 보시고 이르시되 아버지여 내 말을 들으신 것을 감사하나이다. 항상 내 말을 들으시는 줄을 내가 알았나이다. 그러나 이 말씀 하옵는 것은 둘러선 무리를 위함이니 곧 아버지께서 나를 보내신 것을 그들로 믿게 하려 함이니이다. 이 말씀을 하시고 큰 소리로 나사로야 나오라 부르시니 죽은 자가 수족을 베로 동인 채로 나오는데 그 얼굴은 수건에 싸였더라. 예수께서 이르시되 풀어 놓아 다니게 하라 하시니라"(요 11:41-44).

예수님이 눈을 들어 하늘을 우러러 보시는 것, 거기에는 얼마나 많은 의미가 담겨 있는가! 그렇게 하늘을 우러러 보시는 데는 얼마나 많은 확신과 탄원이 담겨 있단 말인가! 예수님의 바로 그 눈빛,

그렇게 눈을 들어 하늘을 우러러 보신 것은 이 세상과 관련된 모든 것을 멈추고 오직 예수님의 모든 존재를 하늘에 집중시켜 도움을 구하는 것이었다. 하나님의 아들이 무덤에서 하늘을 우러러 보았을 때 모든 하늘이 거기에 동참하여 맹세하고 움직였다.

오, 예수님과 같은 눈으로 하늘을 우러러 보면서 하늘에 모든 주의를 집중시키는 백성들이여! 예수님이 그러셨던 것과 마찬가지로 우리도 역시 믿음 가운데 온전해져서 기도에 너무나 능숙해진 나머지 우리의 눈을 들어 하늘을 우러러 보면서 하나님께 가장 깊은 겸손함으로 당당한 확신을 하고 이렇게 말할 수 있어야 한다. "아버지여 내 말을 들으신 것을 감사하나이다. 항상 내 말을 들으시는 줄을 내가 알았나이다."

다시 한번 우리는 예수님이 매우 감동적이고 아름다우며 교훈적으로 기도하시는 모습을 만나게 된다. 이번에는 어머니의 품에 안겨 있는 아이와 관련된 이야기인데 이것은 비유적인 동시에 역사적이기도 하다.

"사람들이 예수께서 만져주심을 바라고 어린아이들을 데리고 오매 제자들이 꾸짖거늘 예수께서 보시고 노하시어 이르시되 어린 아이들이 내게 오는 것을 용납하고 금하지 말라. 하나님의 나라가 이런 자의 것이니라. 내가 진실로 너희에게 이르노니 누구든지 하나님의 나라를 어린아이와 같이 받들지 않는 자는 결단코

그곳에 들어가지 못하리라 하시고 그 어린아이들을 안고 그들 위에 안수하시고 축복하시니라"(막 10:13-16).

이것은 어리석은 무지와 비영적인 관점이 예수님의 분노와 불쾌감을 불러일으킨 몇 안 되는 사건 가운데 하나였다. 여기에는 필요한 관점이 있었다. 그런데 이러한 기본적인 원리가 무너지고 세상의 관점이 제자들을 움직이게 했다. 아이들을 데려온 사람들을 책망하는 제자들의 성미와 언행은 굉장히 잘못된 것이었다. 예수님이 구체적으로 설명하고 널리 전파하려고 했던 바로 그 원칙이 오히려 깨어지고 있었다. 예수님은 어린아이들을 받아들이셨다. 그렇기에 어른들은 어린아이의 심령으로 돌아가야 한다.

기도는 어린아이들을 도와준다. 어린 시절부터 침대 머리맡에서 기도를 들려주는 시간이 있어야 한다. 우리는 어린아이들을 위해 기도해야 한다. 아무리 어린아이일지라도 이제 기도를 통해 그들을 예수님께로 데려와야 한다. 아이들을 데려온 사람들의 기도에 대한 응답으로 예수님의 축복이 어린아이들에게로 흘러간다. 부모들은 간절히 끈기 있게 기도하는 가운데 보여주는 불굴의 정신과 끈덕짐으로 아이들을 예수님께로 데려와야 한다. 아이들이 스스로 주님에게 나아오는 것이 무엇인지 깨닫기 전에, 부모들은 기도하는 가운데 아이들을 하나님께 올려드리면서 예수님의 축복을 구해야 한다. 그러면서 자녀들을 양육하는 데 필요한 지혜와 은혜와 신성한 도움을 요청하여 아이들이 자발적으로 책임질 수 있는 나이에 이르렀을 때 스스로 예수님께로 나아올 수 있도록 도와주어야 한다.

거룩한 손과 거룩한 기도는 어린 생명을 보호하고 훈련하며 의로움과 천국을 향해 어린 성품을 형성시키는 일과 상당히 많은 관련이 있다. 기도하는 것과 긴밀하게 연결된 은혜로움, 단순함, 친절함, 세속적이지 않음, 겸손, 온유함 등은 이 같은 신성한 선생님의 행위에 얼마나 많이 포함되어 있단 말인가!

사도 베드로가 예수님이 하나님의 아들이라고 놀라운 믿음의 고백을 했던 것도 예수님이 기도하고 계시던 바로 그때였다.

"예수께서 빌립보 가이사랴 지방에 이르러 제자들에게 물어 이르시되 사람들이 인자를 누구라 하느냐. 이르되 더러는 세례 요한 더러는 엘리야 어떤 이는 예레미야나 선지자 중의 하나라 하나이다. 이르시되 너희는 나를 누구라 하느냐. 시몬 베드로가 대답하여 이르되 주는 그리스도시요 살아 계신 하나님의 아들이시니이다. 예수께서 대답하여 이르시되 바요나 시몬아 네가 복이 있도다. 이를 네게 알게 한 이는 혈육이 아니요. 하늘에 계신 내 아버지시니라. 또 내가 네게 이르노니 너는 베드로라. 내가 이 반석 위에 내 교회를 세우리니 음부의 권세가 이기지 못하리라. 내가 천국 열쇠를 네게 주리니 네가 땅에서 무엇이든지 매면 하늘에서도 매일 것이요. 네가 땅에서 무엇이든지 풀면 하늘에서도 풀리리라 하시고 이에 제자들에게 경고하사 자기가 그리스도인 것을 아무에게도 이르지 말라 하시니라"(마 16:13-20).

우리 주님이 제자들에게 이와 같은 커다란 약속을 남기신 후 제자들 각각을 임명하여 "너희로 내 나라에 있어 내 상에서 먹고 마시며 또는 보좌에 앉아 이스라엘 열두 지파를 다스리게 하려 하노라"(눅 22:30, 마 19:28)고 축복하는 동시에 베드로를 위해 기도했다고 말씀하시면서 베드로에게 다음과 같은 경고의 말씀을 전하셨다.

"시몬아… 사탄이 너희를 밀 까부르듯 하려고 요구하였으나 그러나 내가 너를 위하여 네 믿음이 떨어지지 않기를 기도하였노니 너는 돌이킨 후에 네 형제를 굳게 하라"(눅 22:31-32).

아, 행복한 베드로여! 하나님의 아들이 자기를 위해 기도해주는 사람이 되나니! 아, 불쌍한 베드로여! 예수님께 그렇게 많은 걱정을 끼칠 정도로 사탄의 올가미에 걸려드는 신세가 되다니! 어떤 특정한 경우는 우리에게 얼마나 뜨겁게 기도를 요구하는지 모른다. 기도는 충분할 정도로 유익할 만큼 개인적이 되어야 한다. 베드로는 자신을 더욱 커다란 위험에 노출시켰기 때문에 다른 어떤 제자보다 더 많이 예수님의 기도를 이용했다. 가장 충동적인 사람들, 가장 목숨이 위태로운 사람들을 위해 이름을 불러가며 기도하라. 그 사람들이 처한 위험으로 말미암아 우리는 사랑을 가지고 자주, 영감 있게, 뜨겁게, 개인적으로 기도할 수밖에 없다.

우리는 예수님이 자신을 왕으로 삼으려는 오천 명을 먹이는 과정에서 웅장한 기적을 일으키신 후에 어떻게 무리로부터 도망쳐야 했는지 지켜보았다. 기도는 이처럼 강력한 세상의 유혹에서 벗어나기 위한 예수님의 도피처이자 피난처였다. 예수님은 그날 밤 커다란 힘과 평온, 그리고 능력을 얻고 기도하는 자리에서 돌아와 물 위를 걸으시는 또 다른 놀라운 기적을 행하셨다.

오병이어의 기적도 무리에게 나누어주시기 전에 기도로 성별되었다. "예수께서 떡을 가져 축사하신 후에 앉아 있는 자들에게 나눠 주시고 물고기도 그렇게 그들의 원대로 주시니라"(요 6:11). 기도는 우리의 일용할 양식을 거룩히 구별하고 우리가 뿌린 씨앗을 번식시켜주는 게 틀림없다.

예수님은 귀먹고 말 더듬는 자의 혀를 만지면서도 하늘을 우러러보시며 한숨을 내쉬셨다. 이 한숨은 나사로의 무덤에서 영으로 토해내셨던 비통한 신음과 매우 흡사했다. "예수께서 다시 속으로 비통히 여기시며 무덤에 가시니"(요 11:38). 여기에는 인간의 파멸에 대해 하나님의 아들로부터 터져 나오는 한숨과 신음이 있었다. 그것은 죄와 지옥이 그토록 단단히 인간을 지배하고 있다는 사실 때문에 흘러나오는 신음이었다. 그토록 황량하고 끔찍한 파멸이 인간의 슬픈 유산이라는 근심 때문에 토해내는 한숨이었다. 이것이 바로 우리가 배울 수밖에 없는 교훈이다. 여기에 마음과 생각 속에 깊이 간직해야 할 사실, 하나님의 자녀들이 내적인 심령 속에 진중하게 다루어야 할 사실이 있다. 곧 성령의 첫 열매를 받아들인 우리는 자기 자신 안에 있는 죄악의 쓰레기와 죽음에 대해 비통해하면서 더 나은 날의 도래를 위한 열망으로 충만해져 있어야 한다는 사실이다.

인간은 온갖 위대한 기도에 동참하며 그와 같은 기도를 올려드리고 그것을 특징으로 삼는다. 그 사람과 기도를 따로 떼어놓는 것은 불가능하다. 그 사람을 구성하는 요소는 그 사람의 기도를 구성하는 요소이다. 그 사람은 자신의 기도에 따라 흘러간다. 오직 불같은 엘리야라야 불같은 기도를 올려드릴 수 있다. 우리는 오직 거룩한 사람에게서만 거룩한 기도를 얻을 수 있다. 거룩한 존재는 거룩한 실천 없이는 절대 존재할 수 없다. 존재가 먼저이며 실천은 나중에 자연스럽게 따라온다. 현재 우리의 모습이 우리의 행위에 존재와 힘과 영감을 불어넣는다. 우리 안에 쉽사리 지울 수 없을 정도로 뿌리 깊게 영원토록 새겨져 있는 성품은 우리가 하는 모든 행위에 나름대로 색깔을 입힌다.

그러므로 예수님의 기도는 예수님의 성품과 따로 분리되지 않는다. 예수님이 다른 사람들보다 더 끈기 있게 자기를 부인하면서 더욱 거룩하고 단순하게 직접 기도했기에 이러한 요소들이 다른 사람들의 성품보다 예수님의 성품에 훨씬 더 많이 포함되어 있다.

변화산 사건은 예수님의 생애에서 또 다른 중대한 사건으로 기록되며 그것은 눈에 띌 만큼 두드러진 중대한 기도의 사건이었다. 누가는 이 사건의 목적과 목표를 이렇게 설명하고 있다.

"이 말씀을 하신 후 팔 일쯤 되어 예수께서 베드로와 요한과 야고보를 데리고 기도하시러 산에 올라가사 기도하실 때에 용모가 변화되고 그 옷이 희어져 광채가 나더라. 문득 두 사람이 예수와 함께 말하니 이는 모세와 엘리야라. 영광중에 나타나서 장차 예수께서 예루살렘에서 별세하실 것을 말할새 베드로와 및 함께 있는 자들이 깊이 졸다가 온전히 깨어나 예수의 영광과 및 함께 선 두 사람을 보더니 두 사람이 떠날 때에 베드로가 예수께 여짜오되 주여 우리가 여기 있는 것이 좋사오니 우리가 초막 셋을 짓되 하나는 주를 위하여 하나는 모세를 위하여 하나는 엘리야를 위하여 하사이다 하되 자기가 하는 말을 자기도 알지 못하더라" (눅 9:28-33).

이 단락에서는 제자 셋을 기도로 연합된 가장 가까운 사람 그룹으로 묶어주었다. 이 측근 그룹에서 영적으로 비범한 취향이나 성향을 지닌 사람은 없었다. 심지어 이처럼 서로 호의적인 제자 세 사람은 밤새도록 오래 기도하는 부담을 거의 견딜 수가 없을 정도였다. 우리는 예수님이 변화를 받기 위함이 아니라 기도하러 그 산으로 올라가셨다는 사실을 잘 알고 있다. 그러나 기도하실 때 용모가 변화되고 옷이 희어져 광채가 났다. 이처럼 성품을 변화시키고 행위를 정결하게 만드는 데는 기도만 한 게 없다. 우둔하고 따분한 우리에게 천상의 방문객을 데려오고 이 땅의 산을 하늘의 영광으로 찬란하게 만드는 데는 기도만 한 게 없다. 베드로는 그곳을 거룩한 산이라고 불렀는데 이처럼 기도로 그렇게 변화되었다.

세 차례나 들려온 하나님의 음성은 그 아들 예수 그리스도의 임재와 인격을 증거하는 소리였다. 세례 요한에게 세례를 받을 때와 변화산에 있을 때 들려온 하나님 아버지의 음성은 인정하고 위로하며 증거하는 소리였다. 이 두 경우에 예수님은 기도하는 모습이셨다. 세 번째로 증언하는 소리가 들려왔는데 그것은 지극히 높은 곳에서 변화된 영광으로 가득하던 때도 아니고, 이제 본격적으로 싸움을 시작하면서 사역으로 들어가기 위해 허리띠를 졸라매던 시기도 아니었다. 오히려 그것은 예수님이 무시무시한 종말을 재촉하던 때였다.

예수님은 마지막 몸부림을 치는 어두운 신비 속으로 들어가면서 그 종말을 기다리고 있었다. 그 그림자가 점점 더 깊어지고 있었고 끔찍한 재앙이 다가오고 있었으며 전혀 모르는데다 결코 경험한 적도 없는 공포가 자기 앞에 도사리고 있었다. 가까이 다가오고 있는 죽음을 깊이 생각하면서, 그에 관해 예언하면서, 따라가야 할 영광을 예견하면서, 너무 고차원적이라서 쉽게 이해할 수 없는 강론 도중에도, 그 그림자는 무시무시한 공포의 그늘처럼 점점 다가오는 까닭에 예수님은 이렇게 기도의 몸부림을 치셨다.

"지금 내 마음이 괴로우니 무슨 말을 하리요. 아버지여 나를 구원하여 이때를 면하게 하여주옵소서. 그러나 내가 이를 위하여 이때에 왔나이다. 아버지여 아버지의 이름을 영광스럽게 하옵소서 하시니 이에 하늘에서 소리가 나서 이르되 내가 이미 영광스럽게 하였고 또다시 영광스럽게 하리라 하시니 곁에 서서 들은 무리는 천둥이 울었다고도 하며 또 어떤 이들은 천사가 그에게 말하였다고도 하니 예수께서 대답하여 이르시되 이 소리가 난 것은 나를 위한 것이 아니요. 너희를 위한 것이니라"(요 12:27-30).

그러나 우리는 예수님이 이 비참하고 운명적인 시간을 기도로 직면하고 조명하고 계신다는 사실에 주목해야 한다. 심지어 이렇게 일찍부터 우리 주님의 육신은 이런 끔찍한 결말을 달갑지 않은 모습으로 기다리면서 얼마나 움츠러들었겠는가!

십자가상에서 대적들을 향한 예수님의 기도는 우리 원수를 사랑하라고, 우리에게 해를 끼친 사람들에게 용서와 자비를 베풀라고 가르치셨던 모든 교훈과 얼마나 완벽하게 조화를 이루고 있는지 모른다. "예수께서 이르시되 아버지 저들을 사하여 주옵소서. 자기들이 하는 것을 알지 못함이니이다 하시더라"(눅 23:34). 죽음의 고통에도 사람들은 예수님을 조롱하고 힐난했으며 그 손에 주님의 피를 묻히고 있었지만 오히려 예수님은 이렇게 자신을 죽이려는 사람들을 변호하면서 기도하고 계셨다.

다시 한번 십자가상에서 있었던 기도 가운데 또 다른 사례를 살펴보자. 그 기도가 얼마나 감동적이었던지, 그러나 그 잔은 얼마나 썼던지! "제구 시쯤에 예수께서 크게 소리 질러 이르시되 엘리 엘리 라마 사박다니 하시니 이는 곧 나의 하나님 나의 하나님 어찌하여 나를 버리셨나이까"(마 27:46, 막 15:34)라고 소리치셨을 때 그 시간이 얼마나 어둡고 고독했을까! 이것은 예수님의 심장을 둘로 갈라 놓는 마지막 외침이었다. 이는 유다의 입맞춤보다 더 격렬한 쓰라림이었으며 그보다 더 아프게 가슴을 찌르는 부르짖음이었다.

다른 모든 것은 예수님의 슬픔에 관한 책에서 찾을 수 있었고 기록되어 있었지만 하나님 아버지께서 얼굴을 딴 데로 돌리시고 하나님의 버림을 받아서 하나님 아들의 입에서 이토록 괴로운 말들이 토로되어 죽어가는 시간이라니! 그런데도 예수님은 얼마나 진실하단 말인가! 예수님은 얼마나 어린아이 같은가? "예수께서 큰 소리로 불러 이르시되 아버지 내 영혼을 아버지 손에 부탁하나이다 하고 이 말씀을 하신 후 숨지시니라"(눅 23:46).

응답은 하나님의 뜻을 이 땅에서 이루게 한다

예수님은 '주기도문'으로 널리 알려진 기도 양식을 우리에게 전해
주신다. 이 모범적이고 완벽한 기도에서 우리는 따라야 할 법칙과
같은 형식을 배우게 되며 우리가 기도할 때 결정하기에 따라 더 충
분하게 채우고 확장할 수 있는 기도 공식을 배우게 된다. 개요와 형
식은 이미 완성된 것이기도 하지만 여전히 많은 여백이 있어서 우리
의 필요와 확신으로 새롭게 차곡차곡 채워 넣어야 하는 개요이다.

예수님은 우리의 입에 말씀을, 거룩한 삶을 통해 입 밖으로 내어
야 하는 말씀을 주셨다. 말씀은 기도생활에 속한 것이다. 말씀 없는
기도는 인간적인 영이나 마찬가지다. 그게 아무리 순수하고 고상할
지라도 그건 이 세상의 다툼과 필요와 용도를 위해 너무나 쉽게 사라
지는 것들이다. 우리는 살과 피를 덧입고 있는 영을 소유하고 있을

수밖에 없으며, 그러므로 우리의 기도도 그와 마찬가지로 그 영에 초점과 능력, 거할 처소와 이름을 주기 위해 말씀으로 덧입어야 한다.

"주여, 우리에게 기도를 가르쳐주옵소서"라는 제자들의 요청으로 터져 나온 주기도문의 이와 같은 교훈은 산상수훈의 기도 단락처럼 나름대로 어떤 형식과 용어를 갖추고 있다. 주기도문은 "하늘에 계신 우리 아버지여"라고 기도를 시작해야 한다는 것과 같은 엄청난 교훈을 담고 있을 뿐만 아니라 끈덕지게 요청해야 한다는 교훈을 담고 있기도 하다. 기도에 관한 어떤 교훈도 주기도문 없이는 온전해질 수 없다. 주기도문은 기도에 있어서 처음이자 마지막 교훈에 속한다. 하나님의 아버지 되심은 우리의 모든 기도에 모양, 가치, 확신을 불어넣는다.

예수 그리스도는 하나님의 이름을 거룩히 여기는 것이야말로 기도의 가장 첫째이자 커다란 목적이라고 우리에게 가르쳐주신다. 하나님의 영광스러운 왕국이 도래하여 영광스럽게 건설되는 것에 관한 소망은 하나님의 이름을 거룩히 여기는 것보다 그 가치나 절차에서 뒤따라온다. 하나님의 이름을 정말로 거룩히 여기는 사람은 하나님 나라의 도래를 환영할 것이며 그 나라가 성취되어 건설되도록 열심히 수고하고 기도할 것이다. 기도학교에 입학한 그리스도의 학생들은 천국에서 이루어지는 것과 마찬가지로 하나님의 이름을 거룩히 여기는 법, 하나님의 나라를 위해 일하는 법, 하나님의 뜻을 온전히 기쁘게 행하는 법을 부지런히 배워야 한다.

기도는 하나님의 가장 고차원적인 관심과 영광을 끌어들인다. 하나님의 이름, 하나님의 나라, 하나님의 뜻이 모두 기도에 포함되어 있다. 기도가 없다면 하나님의 이름은 더럽혀질 것이고 하나님의 나라는 실패할 것이며 하나님의 뜻은 비난받고 거부당할 것이다. 그러나 하나님의 뜻은 하늘에서 이루어진 것같이 땅에서도 이루어져야 한다. 이 땅에서 이루어진 하나님의 뜻은 온 땅을 천국으로 만들 것이다. 끈덕진 기도는 하늘에서 이루어진 것같이 이 땅에서도 하나님의 뜻이 이루어지게 만드는 강력한 힘이다.

예수님은 우리에게 기도가 일용할 양식을 위한 우리의 일상적인 수고를 거룩하게 구별하는 동시에 희망적이고 달콤하게 만든다고 가르쳐주신다. 죄에 대한 용서는 기도를 통해 이루어질 수 있으며 우리가 용서를 구하기 위해 드리는 훌륭한 탄원은 우리를 대적하여 죄악을 저질러왔던 모든 사람을 이미 용서했다는 뜻이다. 우리가 대적들을 위해 기도하고 축복하고 저주하지 않고 그게 무슨 잘못이든지 간에 우리에게 해를 끼치는 사람들을 용서한다는 것은 우리의 원수를 향한 사랑이 거기에 포함되어 있다는 뜻이다.

또한 우리는 "우리를 시험에 들게 하지 마시옵고 다만 악에서 구하시옵소서"(마 6:13)라고 기도해야 한다. 다시 말해 우리가 이렇게 기도하는 동안 그런 성질과 유혹에 맞서 경계할 수 있고 그걸 이겨낼 수 있으며 거기에 맞서서 기도할 수 있게 된다. 예수 그리스도는 이 모든 것을 이와 같은 기도의 법칙 아래 두셨지만 그분은 이와 같은 성문법에다 해설, 확장, 표현을 더 하여 여러 가지 간단한 교훈을 덧붙이신다.

예수님이 제자들에게 가르치신 이 기도는 오늘날 어린 시절부터 어머니의 무릎에서 그 기도를 배운 수많은 사람에게도 너무나 친숙하다. 그 말씀은 너무나 어린아이같이 천진난만하여 어린아이들도 무릎 꿇고 기도할 때 스스로 교훈과 위안을 얻는다. 가장 강렬한 신비주의자도, 가장 조심스러운 사상가도 이처럼 단순한 기도의 말씀 가운데서 자기 자신의 언어를 찾아낸다. 이 말씀은 너무나 아름답고 존경스러워서 위안과 도움과 배움을 얻기 위한 우리의 말씀으로 자리 잡게 된다.

예수 그리스도는 기도의 길을 인도하여 우리가 그분의 발자취를 따라갈 수 있게 하신다. 어디에도 비길 수 없는 기도를 하셨던 누구와도 비길 데 없는 지도자시여! 주님, 당신이 기도하셨던 것처럼 우리에게도 기도하는 법을 가르쳐주옵소서!

대제사장적인 기도와 이 주기도문, 곧 가장 우선적인 기도 요소로써 제자들에게 주셨던 이 기도문 사이에는 얼마나 뚜렷한 대조가 있는가! 얼마나 단순하고 어린아이 같은가! 지금까지 어느 사람도 이처럼 너무나 단순한 탄원이면서도 여전히 모든 요청을 다 포함하는 매우 포괄적인 기도를 하나님께 올려드린 적이 없었다.

우리 주님이 허락하신 이러한 단순한 기도의 요소들이 우리에게 그 자체로 얼마나 커다란 위안이 되는가! 이 기도는 그것을 최초로 전해 받은 사람들을 위한 것일 뿐만 아니라 우리를 위한 것이기도 하다. 이것은 기도의 기본 원리를 처음 배우는 어린아이를 위한 것일 뿐만 아니라 고등교육기관을 졸업한 사람들을 위한 것이기도 하다. 그것은 우리의 모든 필요에 도달하고 우리의 모든 죄악을 포괄하는 개인기도이며 다른 사람들을 위한 가장 고상한 형태의 기도이기도 하다.

어떤 학자가 기본기를 배제한 채 모든 사후 학문연구나 지식습득에 절대 나설 수 없는 것처럼, 알파벳이 모든 사후학습에 형식과 색채와 표현을 더해 주는 것과 마찬가지로, 모든 것에 스며들어 기초를 놓아주는 것처럼 예수님 안에서 배우는 자도 주기도문 없이는 결코 아무것도 할 수 없다. 그리고 예수님은 더 높은 차원의 기도, 곧 대제사장적인 기도에서 다른 사람들을 위한 중보기도를 위한 기초를 놓으실 수 있었다.

주기도문은 어머니의 무릎에 있을 무렵부터 우리의 것일 뿐만 아니라 기쁨으로 가득한 그리스도인의 삶 가운데 모든 단계에서 우리에게 매우 적합하다. 대제사장적인 기도 역시 하나님 앞에 선 중보자로서 우리의 왕 같은 제사장 직분을 수행하는 단계마다 우리의 것으로 자리 잡게 된다. 여기에서 우리는 하나님과 하나 되어 깊은 영적인 연합을 이루고 하나님께 변함없는 충성을 바치며 하나님을 영화롭게 하려고 살아가면서 기도하게 된다.

이제 우리는 요한복음 17장에 기록되어 있는 예수님의 대제사장적인 기도를 주의 깊게 살펴보려고 한다. 하나님 아버지께 순종하고 하나님 아버지 안에 거하는 것, 이 둘은 성자 예수님께 속한 것이며 중보기도라는 신성한 사역에 그리스도와 함께하는 동반자로서 우리에게도 속해 있는 것이다. 얼마나 부드럽게, 얼마나 커다란 정념(情念)이 일어나는지, 예수님이 제자들을 위해 얼마나 몰입하여 기도하시는지! "내가 세상을 위하여 기도하지 않고 제자들을 위하여 기도하오니." 하나님의 백성을 위한 이 얼마나 놀라운 기도 양상이란 말인가! 하나님의 백성을 위하는 것은 바로 하나님의 명분, 하나님의 교회, 하나님의 나라를 위하는 것이다.

그렇기에 우리는 하나님의 백성을 위해, 그 사람들의 연합, 성별, 영광을 위해 기도해야 한다. 그 사람들의 연합이라는 주제가 얼마나 예수님을 짓눌렀는가! 하나님의 가족들 사이에서 벌어지는 이러한 분리의 장벽, 소외, 갈가리 찢긴 분파들, 그리고 서로 싸우는 성직자 집단들, 이러한 분열을 목격하면서 예수님은 얼마나 마음이 찢어지고 피눈물을 흘리면서 고통을 겪으셨는가! 하나 됨, 일치, 연합, 이것들이야말로 대제사장적인 기도의 커다란 부담이다. "우리와 같이 그들도 하나가 되게 하옵소서." 하나님의 백성이 영적으로 하나 되는 것은 예수님이 그분의 교회에게 전해주신, 그분의 백성들을 향해 하나님의 영광을 허락하신 유산이다.

다른 무엇보다 이 대제사장의 기도에서 예수님은 겟세마네에서처럼 연약한 모습이 아니라 이제 힘 있는 탄원자로서 자기 자신을 위해 기도하신다. 이제 어둠과 지옥의 압력이 아니라 한동안 두려운 중간기를 뛰어넘음으로써 예수님이 영광 받으실 수 있도록, 그리하여 그분이 올려드리는 영광이 하나님 아버지께도 확실히 영광이 될 수 있도록 간구하고 계신다. 하나님께 예수님의 최고 충성과 정절을 바치는 것은 바로 그와 같은 충성과 정절이 중보기도의 본질이라는 사실을 선포하는 행위이다.

우리의 헌신 된 삶은 기도이다. 하나님을 향한 우리의 변함없이 확고한 충성은 그분께 설득력 있는 탄원이며 우리의 주장에 대한 접근과 확신을 가능하게 한다. 이 기도는 보석으로 장식되어 있으며 그 벽은 견고하기 짝이 없다. 이 얼마나 심오하고 견고한 진리란 말인가! 이 얼마나 한없이 깊은 신비란 말인가! 이와 같은 진술에 포함된 것들은 얼마나 깊고 풍성한 경험이란 말인가!

"예수께서 이 말씀을 하시고 눈을 들어 하늘을 우러러 이르시되 아버지여 때가 이르렀사오니 아들을 영화롭게 하사 아들로 아버지를 영화롭게 하게 하옵소서. 아버지께서 아들에게 주신 모든 사람에게 영생을 주게 하시려고 만민을 다스리는 권세를 아들에게 주셨음이로소이다. 영생은 곧 유일하신 참 하나님과 그가 보내신 자 예수 그리스도를 아는 것이니이다. 아버지께서 내게 하라고 주신 일을 내가 이루어 아버지를 이 세상에서 영화롭게 하였사오니 아버지여 창세 전에 내가 아버지와 함께 가졌던 영화로써 지금도 아버지와 함께 나를 영화롭게 하옵소서"(요 17:1-5).

잠시 멈춰서 우리 자신에게 이렇게 물어보라. 과연 우리가 영생을 얻었는가? 우리는 경험적으로, 그리고 의식적으로 하나님을 알고 있는가? 과연 우리는 실제로, 그리고 인격적으로 하나님을 알고 있는가? 우리는 한 인격체로서, 그리고 인격적인 구세주로서 예수 그리스도를 알고 있는가? 과연 우리는 마음을 터놓는 친숙한 사이로서 그분을 알고 있는가? 그분을 잘 알고 있는가? 이것, 오직 이것만이 영원한 생명이다. 그러면 예수님이 우리 안에서 영화롭게 되는가?

이처럼 개인적인 탐구를 위한 질문을 계속해보라. 우리의 삶이 예수님의 신성을 증명하고 있는가? 그리고 예수님이 우리 때문에 더욱 찬란하게 빛나고 있는가? 과연 우리는 불투명한가, 투명한가? 우리는 주님의 순전한 빛을 어둡게 하는가, 밝게 반사하는가? 다시 한번 우리 자신에게 이렇게 물어보라. 과연 우리는 하나님의 영광을 추구하는가? 예수님이 영광을 구하셨던 곳에서 우리도 영광을 구하고 있는가? "아버지여 창세 전에 내가 아버지와 함께 가졌던 영화로써 지금도 아버지와 함께 나를 영화롭게 하옵소서." 과연 우리는 최고로 뛰어난 자기 자신의 영광과 선으로 하나님의 임재와 소유물을 평가하고 있는가?

여기서는 얼마나 밀접하게 예수님이 그분 자신과 하나님 아버지를 그분의 백성과 결속시키고 있는지 모른다. 예수님의 마음은 하나님 아버지와 거룩한 교통을 나누는 이와 같은 고상한 시간을 통해 그 사람들에게 집중하고 있다.

"세상 중에서 내게 주신 사람들에게 내가 아버지의 이름을 나타내었나이다. 그들은 아버지의 것이었는데 내게 주셨으며 그들은 아버지의 말씀을 지키었나이다. 지금 그들은 아버지께서 내게 주신 것이 다 아버지로부터 온 것인 줄 알았나이다. 나는 아버지께서 내게 주신 말씀들을 그들에게 주었사오며 그들은 이것을 받고 내가 아버지께로부터 나온 줄을 참으로 아오며 아버지께서 나를 보내신 줄도 믿었사옵나이다. 내가 그들을 위하여 비옵나니 내가 비옵는 것은 세상을 위함이 아니요. 내게 주신 자들을 위함이니이다. 그들은 아버지의 것이로소이다. 내 것은 다 아버지의 것이요 아버지의 것은 내 것이온데 내가 그들로 말미암아 영광을 받았나이다"(요 17:6-10).

또한 예수님은 이러한 제자들을 지키기 위해서도 기도하고 계신다. 그 제자들은 택함을 받았고 선별되었으며 사로잡혔을 뿐만 아니라 하나님 아버지의 깨어 있는 눈과 하나님 아버지의 전능하신 손으로 지키셔야 했다.

"나는 세상에 더 있지 아니하오나 그들은 세상에 있사옵고 나는 아버지께로 가옵나니 거룩하신 아버지여 내게 주신 아버지의 이름으로 그들을 보전하사 우리와 같이 그들도 하나가 되게 하옵소서. 내가 그들과 함께 있을 때에 내게 주신 아버지의 이름으로 그들을 보전하고 지키었나이다. 그중의 하나도 멸망하지 않고 다만 멸망의 자식뿐이오니 이는 성경을 응하게 함이니이다. 지금 내가 아버지께로 가오니 내가 세상에서 이 말을 하옵는 것은 그들로 내 기쁨을 그들 안에 충만히 가지게 하려 함이니이다"(요 17:11-13).

예수님은 제자들이 그 이름의 능력으로 말미암은 모든 거룩하심

안에서 거룩하신 하나님 아버지의 지키심을 받을 수 있도록 기도하고 계신다. 예수님은 그분의 백성들이 모든 죄악으로부터, 구체적인 죄악과 추상적인 죄악으로부터, 온갖 형태의 악으로 존재하는 죄악으로부터, 이 세상에 존재하는 모든 죄악으로부터 지켜질 수 있도록 간구하신다. 예수님은 이 사람들이 천국에 적합하게 준비될 수 있을 뿐만 아니라 이 땅에서도 가장 달콤한 특권, 가장 가혹한 임무, 가장 깊은 슬픔, 가장 부요한 기쁨에 준비되고 적합해지며 이 땅의 온갖 시험, 위로, 승리에 대해서도 준비될 수 있도록 기도하고 계신다.

> "내가 아버지의 말씀을 그들에게 주었사오매 세상이 그들을 미워하였사오니 이는 내가 세상에 속하지 아니함 같이 그들도 세상에 속하지 아니함으로 인함이니이다. 내가 비옵는 것은 그들을 세상에서 데려가시기를 위함이 아니요. 다만 악에 빠지지 않게 보전하시기를 위함이니이다. 내가 세상에 속하지 아니함 같이 그들도 세상에 속하지 아니하였사옵나이다"(요 17:14-16).

예수님은 사람들이 이 세상에서 가장 커다란 악인 죄로부터 지켜질 수 있도록 기도하고 계신다. 예수님은 사람들이 죄를 범함, 권세, 더러움, 징계로부터 보존될 수 있기를 바라고 계신다. "다만 악에 빠지지 않게 보전하시기를 위함이니이다." 사탄으로부터 지켜내서 사탄이 사람들에게 손대지 못하도록, 사람들을 찾아내지 못하도록, 사람들에게서 아무런 자리를 잡지 못하도록, 그리하여 오직 하나님께만 전적으로 그 사람들이 소속되고 사로잡히고 채움받고 보호받을 수 있도록 간구하고 계신다.

"너희는 말세에 나타내기로 예비하신 구원을 얻기 위하여 믿음으로 말미암아 하나님의 능력으로 보호하심을 받았느니라. 그러므로 너희가 이제 여러 가지 시험으로 말미암아 잠깐 근심하게 되지 않을 수 없으나 오히려 크게 기뻐하는도다. 너희 믿음의 확실함은 불로 연단하여도 없어질 금보다 더 귀하여 예수 그리스도께서 나타나실 때에 칭찬과 영광과 존귀를 얻게 할 것이니라"(벧전 1:5-7).

예수님은 우리를 하나님 아버지의 팔에, 하나님 아버지의 품에, 하나님 아버지의 가슴에 안기게 하신다. 예수님은 하나님을 예배로 부르셔서 앞자리에 앉게 하시며 우리를 하나님 아버지의 친밀한 보호하심 아래, 하나님 아버지의 그림자 아래, 하나님 아버지의 날개 아래 숨겨두신다. 하나님 아버지의 막대기와 지팡이는 우리의 안전을 지켜주기 위한 것이며 우리의 위로, 우리의 피난처, 우리의 힘과 길잡이가 되게 하려는 것이다.

이것은 제자들을 세상에서 데려가려는 것이 아니라 이 세상의 악으로부터, 이 세상의 거대한 악으로부터, 그 자체가 악인 세상으로부터 지켜주기 위한 것이었다. "지금 현재 세상으로부터." 세상이 사람의 자녀들을 얼마나 유혹하고 현혹시키고 기만하는가! 주님의 제자들은 세상에 빠져들어 가지 않도록, 이 세상의 야단법석과 세속적인 것들로부터 빠져나오도록, 더 많이 가지려는 온갖 게걸스러운 탐욕에서 벗어나도록, 이 세상의 돈에 대한 열망, 돈에 대한 사랑, 돈을 위한 수고에서 자유로워지도록 선택받았다. 이 세상은 마치 흙이 아니라 황금으로 만들어진 것처럼, 마치 무덤이 아니라 다이아몬드로 뒤덮여 있었던 것처럼 사람들을 유혹하고 붙잡는다.

"내가 세상에 속하지 아니함 같이 그들도 세상에 속하지 아니하였사옵나이다." 제자들은 죄와 사탄으로부터 지켜져야 할 뿐만 아니라 예수님과 마찬가지로 이 세상의 더러움, 얼룩, 흠으로부터도 보호받아야 한다. 예수님과 제자들의 관계는 이 세상의 더러운 얼룩, 부정한 사랑, 죄를 범하게 만드는 우정으로부터 제자들을 자유롭게 하려는 것일 뿐만 아니라 이 세상에 만연한 증오심은 오히려 제자들이 예수님을 닮아갈 수밖에 없도록 만든다. "세상이 그들을 미워하였사오니 이는 내가 세상에 속하지 아니함 같이 그들도 세상에 속하지 아니함으로 인함이니이다."

"내가 세상에 속하지 아니함 같이 그들도 세상에 속하지 아니하였사옵나이다"는 선언을 반복하는 것이 얼마나 엄숙하고 무시무시한가! 예수 그리스도께서 이 세상과 결별하는 것이 얼마나 단호하고 철저하고 영원했단 말인가! 정말로 주님을 따르는 사람들이 이 세상

과 결별하는 것이 얼마나 단호하고 철저하고 영원했단 말인가! 이
세상은 주님을 미워했던 것처럼 그분의 제자들을 미워하며 주님을
십자가에 못 박았던 것처럼 제자들을 십자가에 매달 것이다. 우리에
게 이처럼 세상에 초연한 그리스도의 자세가 있는가? 세상이 우리
주님을 미워했던 것처럼 우리를 미워하는가? 그분의 말씀이 우리
안에서 성취되고 있는가?

> "내가 이것을 너희에게 명함은 너희로 서로 사랑하게 하려 함이
> 라. 세상이 너희를 미워하면 너희보다 먼저 나를 미워한 줄을 알
> 라. 너희가 세상에 속하였으면 세상이 자기의 것을 사랑할 것이
> 나 너희는 세상에 속한 자가 아니요 도리어 내가 너희를 세상에
> 서 택하였기 때문에 세상이 너희를 미워하느니라"(요 15:17-19).

예수님은 이 세상에 초연한 그리스도인의 완벽한 초상으로서 우
리 앞에 그분 자신을 명쾌하게 제시하신다. 여기에 우리의 변하지
않는 본보기가 있다. "내가 세상에 속하지 아니함 같이 그들도 세상
에 속하지 아니하였사옵나이다." 우리는 이와 같은 본보기를 반드시
좇아가야 한다.

제자들의 연합이라는 주제는 예수님을 짓눌렀다. 예수님이 하나
님 아버지께 이 주제에 주의를 기울여달라고 얼마나 요청했는지 주
목해보고 그분을 따르는 자들에게 이와 같은 연합을 이루도록 노력

해달라고 얼마나 간청했는지 살펴보라.

"나는 세상에 더 있지 아니하오나 그들은 세상에 있사옵고 나는
아버지께로 가옵나니 거룩하신 아버지여 내게 주신 아버지의 이
름으로 그들을 보전하사 우리와 같이 그들도 하나가 되게 하옵
소서"(요 17:11).

내용이 깊어지면서 예수님의 기준에 따라 점점 더 많이 모여드
는 커다란 무리를 보며 다시 한번 예수님은 그 주제로 돌아가신다.

"아버지여 아버지께서 내 안에 내가 아버지 안에 있는 것같이 그
들도 다 하나가 되어 우리 안에 있게 하사 세상으로 아버지께서
나를 보내신 것을 믿게 하옵소서. 내게 주신 영광을 내가 그들에
게 주었사오니 이는 우리가 하나가 된 것같이 그들도 하나가 되
게 하려 함이니이다. 곧 내가 그들 안에 있고 아버지께서 내 안
에 계시어 그들로 온전함을 이루어 하나가 되게 하려 함은 아버
지께서 나를 보내신 것과 또 나를 사랑하심같이 그들도 사랑하
신 것을 세상으로 알게 하려 함이로소이다"(요 17:21-23).

얼마나 강렬하게 예수님의 마음이 하나 됨에 고정되어 있는지
주목해보라. 바로 이 하나 됨의 부족으로 말미암아 얼마나 수치스러

운 역사와 얼마나 유혈적인 사료(史料)가 하나님의 교회에 가득 기록되어 왔단 말인가! 이러한 분리의 장벽, 소외, 하나님의 가족들 사이에서 이리저리 찢어진 집단들, 서로 싸우는 종족들, 대량살상과 동족상잔이 얼마나 가득했단 말인가! 예수님은 이러한 미래의 모든 슬픈 소식을 내다보면서 얼마나 많은 피를 흘리며 고통을 당해야 할지 예견하신 것이다. 하나님의 백성들 사이에서 연합을 이루는 것은 그 사람들에게 약속된 하나님의 영광을 유산으로 받는 것이었다. 분열과 다툼은 교회에 대한 사탄의 유산이며 실패와 연약함과 수치와 불행의 유산이다.

하나님의 백성이 하나 됨을 이루는 것은 이 땅에서 감당해야 할 그리스도의 사명이 얼마나 신성한 것인지에 대해 세상에 신임장을 제시하는 것이었다. 자, 이제 허심탄회하게 질문해보자. 예수님이 기도하셨던 것처럼 우리도 이와 같은 하나 됨을 위해 기도하고 있는가? 하나님의 백성들이 하나 됨을 이룸으로써 가능한, 하나님의 명분으로 말미암은 평화, 안녕, 권세, 신성함을 추구하고 있는가?

다시 그곳으로 돌아가서 제자들이 이처럼 세상에 초연한 모습의 대표자와 본보기가 될 수 있도록 기도하실 때 얼마나 자기 자신을 몰입시키는지 예수님을 주목해보라. 예수님은 하나님 아버지께서 자신을 세상으로 보내신 것처럼 제자들을 세상으로 보내셨다. 예수님은 자신이 하나님 아버지께 그랬던 것처럼 제자들 역시 그런 모습으로 그처럼 행동해주기를 기대하셨다. 예수님은 제자들의 성화를 추구하여 제자들이 전적으로 하나님께 헌신하고 모든 죄악으로부터 자신을 정화할 수 있기를 바라셨다. 예수님은 제자들이 하나님을 위해 거룩한 삶을 살고 거룩한 일을 하기 원하셨다. 예수님은 제자들이 하나님께 목숨까지 바칠 수 있게 하려고 자기 목숨을 바치셨다. 진정한 성화를 위하여, 그러니까 예수님은 영원무궁토록 영과 몸과 마음을 모두 포함하는 참되고 총체적이고 철저한 성화를 위해 기도하셨다. 이처럼 예수님의 말씀 자체가 제자들의 참된 성화와 깊은 관련이 있었다.

> "그들을 진리로 거룩하게 하옵소서. 아버지의 말씀은 진리니이다. 아버지께서 나를 세상에 보내신 것같이 나도 그들을 세상에 보내었고 또 그들을 위하여 내가 나를 거룩하게 하오니 이는 그들도 진리로 거룩함을 얻게 하려 함이니이다"(요 17:17-19).

전적인 헌신은 제자들의 성화를 보여주는 양상이어야 했다. 제자들의 성화를 위한 예수님의 기도는 온전한 성화에 이르는 통로였다. 온전한 성화라는 그와 같은 고상한 자리로 올라가는 모든 발걸음은 기도의 발걸음인데, 영으로 점점 더 많이 기도하는 것과 실제로도 점점 더 많이 기도하는 것이다. 그렇기에 "쉬지 말고 기도하라"(살전 5:17)는 말씀은 "평강의 하나님이 친히 너희를 온전히 거룩하게 하시고"(살전 5:23)라는 말씀에 꼭 필요한 서곡이다. 기도는 단지 그 마음속에 이처럼 풍성한 은혜를 지속하기 위한 간주곡이자 영광송에 지나지 않는다.

> "또 너희의 온 영과 혼과 몸이 우리 주 예수 그리스도께서 강림하실 때에 흠 없게 보전되기를 원하노라. 너희를 부르시는 이는 미쁘시니 그가 또한 이루시리라"(살전 5:23-24).

예수 그리스도께서 성화되셨던 것처럼 우리도 성화로 나아갈 때야 비로소 온전히 책임을 감당할 수 있으며 우리의 고상한 사명을 성취할 수 있다. 하나님 아버지께서 세상으로 그리스도를 보내셨던 것과 마찬가지로 예수님은 우리를 세상으로 보내신다. 예수님이 그런 모습으로 그렇게 행동하셨던 것과 마찬가지로 그분은 우리에게도 그렇게 되기를 기대하신다. 그리고 예수님이 하나님 아버지를 영화롭게 하셨던 것처럼 우리도 하나님 아버지를 영화롭게 하기를 기대하고 계신다.

하늘에 계신 예수님이 우리에 대한 얼마나 커다란 열망을 가지고 계셨던가! "아버지여 내게 주신 자도 나 있는 곳에 나와 함께 있어 아버지께서 창세 전부터 나를 사랑하시므로 내게 주신 나의 영광을 그들로 보게 하시기를 원하옵나이다"(요 17:24). 이처럼 간절하고 사랑 넘치며 그리스도다운 갈망에 대해 우리 같은 게으른 심령이 도대체 어떻게 반응해야 하는가? 예수님이 거기에서 우리에 대해 가져야 하는 것만큼 우리도 천국에 대해서 열망을 가져야 하지 않겠는가? "내가… 하오니"라는 주님의 말씀이 얼마나 평온하고 얼마나 장중하고 권위 있단 말인가!

예수님은 아무도 흉내 낼 수 없는 평온, 확신, 장엄함으로 그분의 생애를 마감하셨다.

"아버지께서 내게 하라고 주신 일을 내가 이루어 아버지를 이 세상에서 영화롭게 하였사오니 아버지여 창세 전에 내가 아버지와 함께 가졌던 영화로써 지금도 아버지와 함께 나를 영화롭게 하옵소서"(요 17:4-5).

이 땅의 기록은 참된 평온함과 장엄함에서 그 어떤 것도 여기에 비길 수 없다. 그러므로 우리는 예수 그리스도에 대한 최고의 충성으로 기도 응답으로 주어지는 완전한 성화의 삶을 이 땅에서 성취해야 한다.

이제 우리는 겟세마네로 나아간다. 이 얼마나 놀랍고 대조적인 광경이란 말인가? 대제사장적인 기도에는 교회에 대한 보편적인 이해, 전 세계적이고 무한한 동정과 걱정을 잘 보여주는 격정적인 마음을 토로하는 광경이 포함되어 있었다. 완전한 평온과 완전한 균형이 다스리고 있었다. 그리스도는 장엄하셨으며 격앙되고 동요하는 것과는 거리가 먼 아주 단순한 모습이셨다. 다른 사람들을 위한 왕 같은 중보자와 중재자로서 예수님의 탄원은 마치 법과 같은 권위를 지닌 왕의 포고령처럼 들렸다. 그런데 이제 얼마나 극적으로 바뀌었단 말인가!

겟세마네에서 주님은 또 다른 영역으로 들어가서 전혀 다른 사람이 되신 것처럼 보인다. 예수님의 대제사장적인 기도는 그 잔잔한 흐름에서 너무나 절묘한 나머지, 그 강하고 깊은 흐름에서 너무나 평온한 나머지 정오의 찬란한 영광을 빛내면서 움직인다. 그런 가운데 모든 것을 밝게 비추며 생명을 불어넣고 고상하게 만들며 축복하는 태양처럼 빛난다. 겟세마네 기도는 이와 같은 태양이기는 하지만 이제 서쪽으로 기울면서 폭풍우가 휘몰아치려는 바닷속으로 빠져드는 형국이라 모든 면에서 우울함과 어둠과 공포에다 폭풍으로 뒤덮이거나 가려진 모습이다.

겟세마네 기도는 모든 측면에서 예외적이다. 온 세상의 죄악이 우리 주님의 어깨 위를 너무나 무겁게 짓누르고 있었다. 주님의 자기비하는 가장 낮은 지점에 도달하였다. 모든 잔 가운데 가장 쓰라린 주님의 쓴 잔이 그분의 입술 위를 누르고 있었다. 주님의 모든 연약함보다 더 큰 연약함, 모든 슬픔보다 더 큰 슬픔, 모든 괴로움보다 더 큰 괴로움이 그분의 어깨 위를 누르고 있었다. 마치 심장에서 피를 한 방울씩 흘려보내듯이 이제 육신은 거의 실신할 지경으로 떨리는 듯한 맥박을 나타내고 있었다. 그분의 대적들은 지금 이 순간까지 승리를 거두고 있었다. 희년 안에 지옥이 자리 잡고 있었으며 지옥 축제에 나쁜 사람들이 참여하고 있었다.

겟세마네는 사탄의 시간, 사탄의 권세, 사탄의 어둠이 지배하고 있었다. 마지막 최종적인 싸움을 위해 사탄의 모든 세력이 대규모로 집결하는 시간이었다. 예수님은 이렇게 말씀하셨다. "이제 일이 일어나기 전에 너희에게 말한 것은 일이 일어날 때에 너희로 믿게 하려 함이라. 이후에는 내가 너희와 말을 많이 하지 아니하리니 이 세상의 임금이 오겠음이라. 그러나 그는 내게 관계할 것이 없으니 오직 내가 아버지를 사랑하는 것과 아버지께서 명하신 대로 행하는 것을 세상이 알게 하려 함이로라"(요 14:29-31).

이 세상을 지배하기 위한 싸움이 우리 주님 앞에 놓여 있다. 성령이 주님을 인도하여 광야의 혹독한 싸움과 격심한 유혹으로 몰아넣으셨다. 그런데도 우리 주님의 위로자, 인도자, 비길 데 없는 역사를 통한 영감은 이제 그분을 떠난 것처럼 보인다. 드디어 "예수께서는 매우 놀라며 괴로워하기 시작하셨다"(막 14:33 참조). 이처럼 엄청난 압박감 아래서 주님은 "내 마음이 심히 고민하여 죽게 되었으니 너희는 여기 머물러 깨어 있으라"(막 14:34)고 외치셨다. 깊은 절망감, 갈등, 괴로움이 우리 주님의 중심을 스치고 지나갔으며 주님을 죽음의 가장자리까지 내몰았다. 주님은 "심히 놀라며 슬퍼할 수밖에" 없었다.

놀라움과 두려움이 우리 주님의 영혼을 짓누르고 있었다. 그분의 영혼에 임한 한밤중의 지옥 시간은 너무나 엄중했다. 온 세상, 모든 사람, 온 인류의 모든 죄악이 그 모든 오점과 그 모든 죗값과 더불어 그분의 흠 없는 영혼을 짓누르는 이 시간은 매우 엄중하고 가혹했다.

심지어 예수님은 자신이 택한 친구들과도 함께 머물러 있을 수 없으셨다. 제자들은 이 두려운 시간의 깊이와 요구 속으로 들어갈 수 없었다. 주님이 신뢰하여 정해두신 파수꾼들은 잠들어 있었다. 하나님 아버지는 얼굴을 숨기신 채 보이지 않았다. 하나님 아버지께서 사랑하는 아들임을 인정하던 음성은 들리지 않았다. 우리 주님의 생애에서 열심히 애쓰던 시간에 그분과 함께 계셨던 성령은 무대 뒤로 자취를 감춘 것처럼 보였다. 오직 예수님 혼자만이 쓴잔을 마셔야 했으며 오직 예수님 혼자서만 하나님의 맹렬한 진노, 사탄의 권세와 어둠, 인간의 시기, 잔학함, 원한으로 가득한 포도주 짜는 틀을 밟아야 했다. 그 광경을 사도 누가는 이렇게 묘사하고 있다.

"예수께서 나가사 습관을 따라 감람산에 가시매 제자들도 따라갔더니 그곳에 이르러 그들에게 이르시되 유혹에 빠지지 않게 기도하라 하시고 그들을 떠나 돌 던질 만큼 가서 무릎을 꿇고 기도하여 이르시되 아버지여 만일 아버지의 뜻이거든 이 잔을 내게서 옮기시옵소서. 그러나 내 원대로 마시옵고 아버지의 원대로 되기를 원하나이다 하시니 천사가 하늘로부터 예수께 나타나 힘을 더하더라. 예수께서 힘쓰고 애써 더욱 간절히 기도하시니 땀이 땅에 떨어지는 핏방울 같이 되더라. 기도 후에 일어나 제자들에게 가서 슬픔으로 인하여 잠든 것을 보시고 이르시되 어찌하여 자느냐. 시험에 들지 않게 일어나 기도하라 하시니라"(눅 22:39-46).

겟세마네 기도시간에 맛본 고뇌와 괴로움은 갈보리 십자가에서 영광으로 면류관을 쓰게 하였다. 십자가상에서 그리스도께서 올려 드린 기도는 연약함과 강함의 연합, 가장 깊은 고뇌와 비참함의 결합이었으며 가장 달콤한 평온, 가장 신성한 순복과 절대적인 확신을 수반하는 기도였다.

선지자나 제사장, 왕이나 통치자, 회당이나 교회 가운데 어디에서도 예수 그리스도의 생애만큼 그렇게 다양하고 힘 있고 향기로운 기도사역이 이루어지지 않았다. 그것은 하나님의 영광과 함께 불타오르면서 하나님의 뜻으로 말미암아 소진되는 하나님의 가장 달콤한 향료에서 풍기는 향기였다.

우리는 예수님의 기도 가운데 다른 어느 곳에서도 발견할 수 없는 것을 겟세마네 기도에서 발견하게 된다. "아버지여 만일 아버지의 뜻이거든 이 잔을 내게서 옮기시옵소서. 그러나 내 원대로 마시옵고 아버지의 원대로 되기를 원하나이다." 이것은 그분의 기도와 행하심의 전체적인 방향이나 경향과는 전혀 달랐다. 이것은 그분의 대제사장적인 기도와 얼마나 다르단 말인가! 여기서는 "아버지여 내가 원하오니"가 그분의 기도법칙이자 생명이었다.

우리 주 예수님은 기도에 대한 마지막 가르침에서 우리의 뜻을 기도의 척도와 조건으로 삼으셨다. "너희가 내 안에 거하고 내 말이 너희 안에 거하면 무엇이든지 원하는 대로 구하라. 그리하면 이루리라"(요 15:7). 그리고 수로보니게 여인에게도 이렇게 말씀하셨다.

"이에 예수께서 대답하여 이르시되 여자여 네 믿음이 크도다. 네 소원대로 되리라 하시니 그때로부터 그의 딸이 나으니라"(마 15:28).

그러나 겟세마네에서 그분의 기도는 이미 선포된 하나님의 말씀에 맞서는 것이었다. 너무나 무거운 부담감이 예수님의 어깨를 짓누르고 있었고 그 잔은 너무나 쓰라렸으며 그 짐은 너무나 이상하고 도저히 참을 수 없는 것이라서 예수님은 거기에서 벗어나게 해달라고 육신적으로 소리치고 있었다. 그분은 죽음에 이르기까지 기진맥진하여 슬픔에 잠긴 채로 감당하기에 너무나 무거워 보이는 짐을 지지 않기 위해 몸부림치고 있었다.

그러나 예수님은 하나님의 뜻에 맞서 반역을 일으키려는 게 아니라 오히려 그 뜻에 순복하기 위해 기도하셨으며 할 수만 있다면 하나님의 계획을 바꾸고 하나님의 목적을 변경시켜달라는 기도를 하셨다. 예수님은 육신의 연약함과 지옥의 권세에 짓눌려 그 모든 무시무시한 지옥 같은 악의와 세력에 짓눌려 단 한 번 어쩔 수 없이 하나님의 뜻에 반하여 기도할 수밖에 없었다. 그러나 예수님은 막무가내가 아니라 엄청난 신중함과 경건한 조심성을 보이면서 그렇게 하셨다. 예수님은 하나님의 뜻에 흔들리지 않는 순복함으로 그렇게 하셨다. 그리고 이것은 예외적인 특별한 것이었다.

별생각 없이 하나님의 뜻에 그냥 순복하는 것은 하나님에 대한 우리 영혼의 가장 고상한 태도가 아니다. 그것이 일단 겉으로는 순복으로 보일 수도 있지만 여러 가지 조건 때문에 단지 강요된 항복에 지나지 않으며 기꺼운 마음이 아니라 인색한 마음으로, 그냥 임시방편에다 변덕스러운 마음에 지나지 않을 뿐이다. 그렇기에 그렇게 요구하는 상황이나 환경이 사라지면 원래 방식으로, 옛 자아로 돌아가서 우리의 의지가 고스란히 작동하게 된다.

예수 그리스도는 이 한 번의 경우만 예외를 두고서 항상 하나님의 뜻에 순응하여 기도하셨다. 예수님은 하나님의 계획과 하나였으며 하나님의 뜻과 하나였다. 하나님의 뜻에 순응하는 것은 그리스도의 삶과 법칙이었다. 그분의 기도법칙도 이와 마찬가지였다. 그러므로 순응, 곧 하나님과 하나 됨을 이루어 살아가는 것은 별생각 없이 하나님께 순복하면서 살아가는 것보다 훨씬 더 고상하고 신성한 삶이다. 순응하는 가운데 하나님과 더불어 기도하는 것은 단순한 순복보다 훨씬 더 고상하고 신성한 방법이다. 아주 좋은 상태에서 이루어지는 순복은 반항하지 않는 묵종이어서 그 나름대로 좋기는 하지만 최상은 아니다. 가장 강력한 형태의 기도는 긍정적이고 공격적이며 강력하게 우호적이고 또한 창의적이다. 그런 기도는 모든 것을 빚어내고 바꾸면서 이루어낸다.

순응이란 '모든 하나님의 뜻에 온전하고 완벽하게 서는 것'이라는 뜻이다. 순응이란 하나님의 뜻을 기쁨으로 행하며 하나님의 계획을 이루기 위해 열정과 열심을 가지고 달려간다는 뜻이다. 하나님의 뜻에 대한 순응에는 순복, 곧 인내하며 사랑 넘치는 달콤한 순복이 포함된다. 그러나 순복 자체는 순응에 미치지 못하며 순응에 포함되지 못한다. 우리가 순복할 수는 있지만 순응할 수는 없을지도 모른다. 우리가 지금까지 싸워온 것과 다른 결과를 받아들일 수도 있으며 심지어 그와 같은 결과에 체념할 수도 있다.

순응이란 결과와 과정 둘 다에서 하나님과 하나 된다는 뜻이다. 순복은 마지막에 하나 될 수도 있다. 그러나 순응은 처음부터 끝까지 하나님과 하나 되는 것이다. 예수님은 언제나 하나님의 뜻에 절대적이고 온전하게 순응하셨으며 순응함으로써 기도하셨다. 그런데 이때가 바로 하나님의 여러 과정에서부터 뒷걸음질 치던 유일한 순간이었다. 그것은 도저히 참아낼 수 없는 고통, 두려움, 기진맥진한 상태 때문에 어쩔 수 없었다. 예수님의 순응은 변함없이 온전했던 것처럼 예수님의 순복도 역시 충성스럽고 신뢰할 만한 것이었다. 순응은 단지 참된 순복에 지나지 않았으며 가장 충성스럽고 달콤하며 충분한 순복이었다.

겟세마네 기도에는 예수님이 그 동산에서 홀로 기도하면서 보여주신 겸손한 간구에 담긴 여러 가지 교훈이 포함되어 있다. 예수님이 고개를 떨어뜨리며 무거운 짐을 진 채로 엎드리는 중에도, 강력한 고뇌 중에도, 비참한 공포를 겪는 중에도, 주저하면서 뒤로 움츠러드는 중에도, 거기서 벗어나게 해달라고 외치는 중에도 진심으로 순복하는 이 모든 행위 가운데 하나님의 영광을 위한다는 일편단심에는 변함이 없었다.

사탄은 우리도 그리스도께서 겪은 어둠의 시간과 권세 아래 놓이게 할 것이고 우리 각자에게도 쓴잔을 마시게 할 것이며 두려운 어둠과 우울함의 영에 빠져들게 할 것이다. 모세가 그랬던 것처럼 우리는 약속의 땅에 들어가기 위해 하나님의 뜻에 반하여 기도할 수 있다. 바울이 육체의 가시에 대해 그랬던 것처럼, 다윗이 자신의 불운한 아이를 위해 그랬던 것처럼, 히스기야가 조금이라도 더 살기 위해 그랬던 것처럼 하나님의 뜻과는 다르게 기도할 수 있다.

채찍이 가장 매섭고 슬픔이 가장 크고 비통함이 가장 깊을 때 우리는 하나님의 뜻에 맞서서 기도할 수 있다. 캄캄한 어둠의 시간을 통과하면서 다윗이 그랬던 것처럼 우리는 밤새도록 납작 엎드릴 수 있다. 예수님이 그랬던 것처럼 수많은 밤을 어둠 속에서 지새우면서, 시간을 재지도 않은 채 며칠 밤이나 지났는지 헤아리지도 않고서 우리는 몇 시간이고 기도할 수 있다. 그러나 이 모든 것은 순복의 기도여야 한다.

겟세마네의 슬픔과 밤과 처량함이 가장 무거운 비통함으로 우리에게 다가올 때 하나님 아버지의 손으로 우리 입에 갖다 대시는 쓴잔에 대해 우리는 떨리거나 의심하지 말고 참을성 있는 자세로, 너무 힘겨워 눈물을 흘리면서도 거침없이 묵묵히 따르는 모습으로 순복해야 한다. "그러나 내 원대로 마시옵고 아버지의 원대로 되기를 원하나이다." 우리의 상한 심령은 이렇게 고백하게 될 것이다. 그 잔은 가장 쓰라린 앙금이 남기는 하지만 하나님의 아들에게 그랬던 것처럼 우리에게도 하나님 자신의 신비로운 방법으로 주시는 가장 완전한 보석이자 황금이다.

우리는 정금같이 단련되기 위해 용광로 속으로 들어가야 한다. 그리스도는 겟세마네에서 기도가 아니라 고난을 겪으면서 온전하게 되셨다. "하나님께서는 만물을 창조하시고 만물을 보존하시는 분이 십니다. 그러므로 하나님께서 많은 자녀를 영광에 이끌어 들이실 때에 그들의 구원의 창시자를 고난으로써 완전하게 하신다는 것은 당연한 일입니다"(히 2:10, 새번역). 그 잔은 그냥 지나갈 수가 없었다. 왜냐하면 고난이 계속됨으로써 온전함의 열매를 맺어야 하기 때문이다. 어둠과 지옥의 권세 아래서 보내는 수많은 시간을 통해, 이 세상 왕들과 수많은 쓰라린 투쟁을 통해 수많은 쓴 잔을 들이마심으로써 우리는 온전하게 되어야 한다. 하나님 아버지께서 허락하시는 고통의 과정이라는 용광로에서 타오르는 끔찍하고 날카로운 불꽃에 맞서 울부짖는 것은 자연스러운 일이며 전혀 죄가 아니다. 만약 거기에 우리의 기도에 대한 응답으로 온전한 묵종이자 하나님의 뜻에 대한 온전한 순복이며 하나님의 영광에 대한 온전한 헌신이 있다면 말이다.

만약 우리의 마음이 하나님께 진실하다면 우리는 그리스도의 길에 관해 그분과 함께 탄원할 수 있으며 고통스러운 과정에서 벗어나게 해달라고 구할 수 있다. 그러나 이처럼 고통스럽게 순복하는 예수님의 기도와 용광로에서 타오르는 맹렬한 불길과 고통스러운 희생은 장엄하고 당당한 기도에서 나타나는 정상적이고 고상한 형태가 아니다. 우리는 용광로 속에서 울부짖을 수 있으며 우리를 정결하게 단련하고 온전하게 만드는 불꽃에 맞서 큰소리로 울부짖을 수 있다. 하나님은 이것을 허락하시고 이것을 들으시며 여기에 응답하신다. 용광로에서 우리를 끄집어내거나 그 불꽃의 사나움을 누그러뜨리는 것이 아니라 오히려 우리를 강하게 만들기 위해 천사를 보내주심으로써 그렇게 하신다. 그러나 이런 식으로 부르짖는 기도는 정말 고상하고 당당한 왕 같은 영원에 다다르는 순복의 기도가 아니다.

순복의 기도는 더 강력하고 고상한 믿음의 기도를 손상시키거나 대체하는 방식으로 사용되어서는 안 된다. 또한 그와 같은 기도가 끈기 있는 설복의 기도를 무너뜨리는 방식으로 강조되어서도 안 된다. 끈질긴 설복의 기도는 순복의 기도로 말미암아 나타나는 능력을 무력화시키면서 그 기도의 영광스러운 결과를 빼앗아 갈 뿐만 아니라 내키지 않는 감상적인, 연약한 기도를 고무시킬지도 모른다.

우리는 언제든지 순복에 대한 기만적이고 망상적인 관점을 가지고 우리 자신에게 뜨겁고 고생스러운 기도가 부족한 것에 대해 쉽게 변명할 수 있다. 우리는 종종 마땅히 시작해야 하는 바로 그 지점에서 서둘러 기도를 끝낸다. 하나님께서 우리가 정말로 기도하기를 원하시면서 기다리고 있는 곳에서 그냥 기도를 멈춘다. 우리는 기도하지 못하도록 가로막는 장애물을 만나면 곧바로 기도를 그만두거나 여러 가지 어려움을 만나면 거기에 굴복하면서 그것을 하나님의 뜻에 순복하는 것이라고 부른다. 기도에 관해 거지 같은 믿음, 영적인 게으름, 내키지 않는 마음으로 가득한 세상은 순복이라는 고상하고 경건한 이름으로 온통 그럴듯하게 포장한다.

그러므로 자신에게는 아무런 계획 없이 오직 하나님의 계획을 구하면서 그 계획을 실행하는 것이야말로 그리스도를 닮은 기도에 담긴 본질과 영감을 따르는 것이다. 여기에는 그저 순복이라는 구절을 집어넣는 것보다 훨씬 더 많은 의미를 담고 있다. 예수님은 하나님의 목적을 바꾸어달라고 구하면서 단 한 번 이렇게 기도하셨지만 예수님의 다른 모든 기도는 하나님의 계획과 목적에 완벽하게 하나됨을 이룬 결과로 나타난 작품이었다. 우리가 그리스도 안에 거하고 그분의 말씀이 우리 안에 거하면 우리도 자연스럽게 이와 같은 순서에 따라 기도하게 된다. 그러면 우리는 원하는 대로 이루어지도록 기도해도 된다. 그러니까 그게 우리의 기도 양식이 되어 모든 것을 창조하게 된다. 그러면 우리의 뜻이 하나님의 뜻이 되고 하나님의 뜻이 우리의 뜻이 된다. 이 둘이 하나가 되고 결국 아무런 불협화음도 일어나지 않는다.

"그를 향하여 우리가 가진 바 담대함이 이것이니 그의 뜻대로 무엇을 구하면 들으심이라. 우리가 무엇이든지 구하는 바를 들으시는 줄을 안즉 우리가 그에게 구한 그것을 얻은 줄을 또한 아느니라"(요일 5:14-15).

그러므로 다음과 같은 말씀이 사실임을 증명하게 된다.

"무엇이든지 구하는 바를 그에게서 받나니 이는 우리가 그의 계명을 지키고 그 앞에서 기뻐하시는 것을 행함이라. 그의 계명은 이것이니 곧 그 아들 예수 그리스도의 이름을 믿고 그가 우리에게 주신 계명대로 서로 사랑할 것이니라. 그의 계명을 지키는 자는 주 안에 거하고 주는 그의 안에 거하시나니 우리에게 주신 성령으로 말미암아 그가 우리 안에 거하시는 줄을 우리가 아느니라"(요일 3:22-24).

다음과 같은 우리 주님의 말씀 속에는 어떤 자제, 어떤 인내, 어떤 자기 부인, 하나님의 임무에 대한 어떤 충성, 구약성경에 대한 어떤 존경을 보여야 하는지 알려준다. "너는 내가 내 아버지께 구하여 지금 열두 군단 더 되는 천사를 보내시게 할 수 없는 줄로 아느냐. 내가 만일 그렇게 하면 이런 일이 있으리라 한 성경이 어떻게 이루어지겠느냐"(마 26:53-54).

"그를 향하여 우리가 가진 바 담대함이 이것이니

그의 뜻대로 무엇을 구하면 들으심이라.

우리가 무엇이든지 구하는 바를 들으시는 줄을 안즉

우리가 그에게 구한 그것을 얻은 줄을

또한 아느니라"(요일 5:14-15).

04

성령님의 은혜를 덧입는 기도를 하라

The Reality of Prayer _ Part 4

성령이 없는 기도는 헛되고 헛되며 부정적이다. 성령의 은사는 예수 그리스도의 구속사역에서 필수적이었다. 성령께 기름 부으심을 받을 때까지 예수님이 지상사역을 시작하지 않으셨던 것처럼 성령은 하나님의 아들이 기름 부으시는 사역을 진척시키고 효과적으로 만들기 위해서도 반드시 필요했다. 세례를 받으실 때 성령께 기름 부으심을 받은 것이 예수님의 생애에 신기원을 열었던 것처럼 오순절에 성령의 임하심도 구속사역에서 그리스도의 교회가 감당하는 사역을 효과적으로 만드는 거대한 신기원을 이루게 된다.

성령은 기독교 시대, 목회자와 교사 및 인도자를 위한 밝은 등불일 뿐만 아니라 신성한 조력자시다. 성령은 하나님의 행하심을 새롭게 널리 전파하는 것을 가능하게 하는 대리자시다. 조종사가 비행기를 조종하기 위해 조종석에 자리 잡은 것과 마찬가지로 성령은 우리 마음속에 내주하셔서 우리 마음의 온갖 노력을 인도하고 권능을 부어주신다. 성령은 인간의 영에 임하여 통치하심으로써 그 사람을 통해 온전한 복음을 실행하신다.

예수 그리스도의 기름 부으시는 사역을 실행하는 과정에서, 그 사역을 종합적이고 좀 더 포괄적으로 진행하는 과정에서, 또한 그 사역을 섬세하게 개인적으로 적용하는 과정에서 성령은 절대적이고 없어서는 안 되는 유일하고도 유능한 대리자셨다.

복음은 성령 없이 실행될 수 없다. 오직 성령만이 이처럼 당당한 왕의 일을 감당하는 왕권을 소유하게 된다. 어떤 지식도 복음사역을 감당할 수 없으며, 또한 어떤 학식도, 어떤 웅변도, 어떤 진리도, 심지어 어떤 계시된 진리도 복음사역을 감당할 수 없다. 성령의 기름 부으심을 받지 않은 심령들이 그리스도의 생애에 관한 기적적인 놀라운 사실을 전해준다면 아주 무미건조하고 빈약하거나, 마치 백치가 들려주는 이야기처럼 아무 의미 없는 소리로 가득할 것이다. 아무리 소중한 피를 흘려도 복음사역을 감당할 수 없을 것이다. 이 모든 것 가운데 어느 것도, 또한 이 모든 것을 다 합쳐도, 비록 천사의 지혜나 웅변을 더하더라도 구원의 능력을 가진 복음사역을 감당할 수 없다. 오직 성령으로 불붙은 입술만이 다른 사람들을 구원하는 능력을 가진 그리스도의 구원하시는 능력을 증거할 수 있다.

성령께서 세례의 능력을 가지고 임하실 때까지 어느 사람도 거리를 따라 복음의 메시지를 선포하거나 전하기 위해 예루살렘에서부터 저 땅끝에 이르기까지 죽어가는 무리에게로 감히 움직이지 못했다. 비록 예수님의 품에 머리를 대고 예수님의 심장 소리를 들었을지라도, 비록 머리에는 자기 입술로 내뱉은 예수님의 생애에 대한 경이로운 사실과 말씀으로 가득했을지라도 요한은 단 한마디도 복음을 전할 수 없었다. 오직 요한은 자신에게 임한 이 모든 것보다 더 충만하고 풍성한 능력을 부여받을 때까지 기다려야 했다. 비록 예수님을 양육했으며 그 마음과 생각에 어머니의 자애롭고 거룩한 추억이 가득 쌓여 있을지라도 성령으로 능력을 부여받을 때까지 마리아도 요한의 집에서 보여주었던 예수님의 삶을 넘어서서 살아갈 수는 없었다.

성령의 임하심은 기도에 의존한다. 오직 기도만이 이와 같은 하나님의 인격이 내주하시는 데 필요한 권위와 영역을 요구할 수 있다. 심지어 예수님도 이와 같은 기도의 법칙에 종속되셔야 했다. 그 덕분에 "구하라, 그리하면 너희에게 주실 것이요. 찾으라, 그리하면 찾아낼 것이요. 문을 두드리라, 그리하면 너희에게 열릴 것이니 구하는 이마다 받을 것이요. 찾는 이는 찾아낼 것이요. 두드리는 이에게는 열릴 것이니라"(마 7:7-8)는 말씀이 가능했고, 지금까지 가능했으며, 앞으로도 가능할 것이다.

예수님은 이토록 절망적인 제자들에게 이렇게 말씀하셨다.

"내가 아버지께 구하겠으니 그가 또 다른 보혜사를 너희에게 주사 영원토록 너희와 함께 있게 하리니 그는 진리의 영이라. 세상은 능히 그를 받지 못하나니 이는 그를 보지도 못하고 알지도 못함이라. 그러나 너희는 그를 아나니 그는 너희와 함께 거하심이요 또 너희 속에 계시겠음이라"(요 14:16-17).

성령에 대한 이와 같은 기도법칙은 스승뿐만 아니라 제자들에게도 강조된다. 하나님의 많은 자녀에게 진실로 이렇게 말씀하셨을지도 모른다. "너희가 구하였기 때문에 성령이 너희에게 있는 것이 아니다." 또한 수많은 다른 사람들에게 이렇게 말씀하셨을지도 모른다. "너희가 낙심한 채로 성령을 달라고 기도한 탓에 낙심할 만큼 성령이 임하게 된다."

성령은 모든 은혜의 영이며 각 사람에게 임하는 영이기도 하다. 순결함, 능력, 거룩함, 믿음, 사랑, 기쁨, 모든 은혜는 성령으로 존재하게 되며 온전하게 된다. 특별히 은혜 안에서 자라나고 싶은가? 모든 은혜 안에서 온전해지고 싶은가? 만약 그렇다면 우리는 기도로 성령을 구해야 한다.

우리는 성령을 구하는 일을 열심히 하여야 한다. 우리에게는 성령이 필요하며 성령을 구하는 일에 우리 자신을 고취시킬 필요가 있다. 우리가 성령 충만을 받는 정도는 성령을 찾는 열정과 간절한 기도로 측량될 수 있다. 하나님을 위해 일하는 능력, 하나님께 기도하는 능력, 하나님을 위해 살아가는 능력, 하나님을 위해 다른 사람들에게 영향을 미치는 능력은 우리가 받은 성령, 우리 안에 내주하시는 성령, 우리를 통해 일하시는 성령의 정도에 따라 달라진다.

예수님은 모든 하나님의 자녀를 위해 이와 같은 점에서 명확하고 뚜렷한 기도법칙을 제시하신다. 하나님의 눈으로 죄책감을 느끼게 되고 그렇게 느끼게 만들기 위해 죄에 대하여, 의에 대하여, 심판에 대하여 깨닫게 하는 성령이 세상에 필요하다. 그리고 죄인들에게 이와 같은 자각의 영은 하나님의 백성들이 올려드리는 기도에 대한 응답으로 찾아온다. 하나님의 자녀들에게는 점점 더 많은 성령이 필요하며 성령의 생명, 더욱 풍성한 성령의 생명, 차고 넘치도록 풍성한 성령의 생명이 필요하다.

그러나 이와 같은 삶은 하나님의 자녀가 성령을 달라고 기도할 때 처음으로 시작되고 점점 더 늘어나게 된다. "너희가 악할지라도 좋은 것을 자식에게 줄줄 알거든 하물며 너희 하늘 아버지께서 구하는 자에게 성령을 주시지 않겠느냐"(눅 11:13). 이것은 약속으로 밝게 빛나는, 관계로 달콤해지는 법칙이자 조건이다.

성령의 선물은 하나님 우편에 앉아계신 그리스도의 영광스러운 임재로부터 우리에게 흘러내려 오는 여러 가지 혜택 가운데 하나이다. 보좌에 앉으신 그리스도의 다른 모든 선물과 함께 이와 같은 성령의 선물은 그 전제 조건인 기도로써 우리에게 확실히 보장된다. 일반적인 원리와 명확하고 일관된 암시뿐만 아니라 명시적인 진술을 통해 성경은 성령을 선물로 받는 것이 기도와 관련되어 있으며 기도를 전제 조건으로 한다는 사실을 우리에게 명확히 가르쳐주고 있다. 하나님께서 이 세상에 계신 것과 마찬가지로 성령께서 이 세상에 계신다는 것 역시 사실이다.

성령은 오순절 이전에도 이 세상에 계셨는데, 그 당시에는 그분을 찾고 기도하는 정도에 따라 그분의 운행하심에 알맞은 정도로 이 세상에 머물러 계셨는데 그와 같은 원리는 여전히 변하지 않았다. 그렇기에 만약 우리가 성령을 달라고 기도할 수 없다면 우리는 하나님께 어떤 좋은 것을 달라고 기도할 수 없다. 왜냐하면 성령은 우리에게 모든 좋은 것의 결정체이기 때문이다. 그리스도를 찾아다니는 것과 마찬가지로 우리가 강력한 부르짖음과 눈물로 하나님을 찾아다니는 것만큼 성령을 찾아다녀야 한다는 것도 사실이다. 어떤 정해진 만남에서 성령님의 임재와 권능은 기도하는 믿음을 전제 조건으로 삼는다는 것도 사실이다. 그러므로 우리는 언제나 성령의 선물, 능력, 은혜를 점점 더 많이 찾아다녀야 한다.

예수님은 성령을 받기 위해서는 기도를 전제 조건으로 삼아야 한다는 가르침을 제시하면서 그분 자신이 이와 같은 우주적인 법칙을 구체적으로 예증하셨다. 왜냐하면 성령이 세례를 받는 예수님께 임하셨을 때 그분은 기도하고 계셨기 때문이다. 현재 활동 중인 사도적인 교회는 그와 같은 훌륭한 진리를 구체적으로 예증하고 있다.

오순절 며칠 후 제자들은 몸부림치면서 기도하고 있었다.

"그들이 기도를 마치니 그들이 모여 있는 곳이 흔들리고 그들은 모두 성령으로 충만해서 하나님의 말씀을 담대히 말하게 되었다"(행 4:31 새번역).

이 사건은 오순절 이후에 성령의 임하심과 다시 임하시는 조건으로써, 기도를 부인하는 모든 이론을 무너뜨리는 오랜 기도 싸움의 결과로써 도래한 오순절이라는 하나님의 가장 크고 소중한 선물이 구하고 찾고 두드리는 기도, 뜨겁고 끈질긴 기도를 조건으로 삼는다는 사실을 예증하고 확증해준다.

그와 같은 사실은 사마리아에서 빌립이 새사람이 된 사건을 통해 매우 두드러지게 전면에 등장하게 된다. 비록 예수 그리스도를 믿음으로 기쁨이 충만하게 되었지만, 설령 물로 세례를 받음으로써 교회 안으로 받아들여지게 되었지만 베드로와 요한이 거기로 내려가 그 사람들과 함께 그 사람들을 위해 기도할 때까지 이 사람들은 여전히 성령을 받지 못했다.

성령님은 기도하는 우리에게 스승이자 영감을 불어넣는 분이며 계시하시는 분이다. 그뿐만이 아니라 우리의 기도 능력은 하나님의 선하신 기쁨을 따라 이루어지는 하나님의 뜻과 일로써 우리 안에서 역사하시는 성령의 능력으로 측량될 수 있다. 에베소서 3장에서 교회를 위한 바울의 놀라운 기도 이후에 바울은 사람들이 자신의 엄청난 요구가 하나님의 능력을 넘어서는 일이라고 생각할지 모른다는 사실을 충분히 알아채고 있는 것처럼 보였다. 그래서 바울은 다음과 같은 말로 그 사람들에 대한 자신의 호소를 마무리하고 있다. 하나님은 "우리 가운데서 역사하시는 능력대로 우리가 구하거나 생각하는 모든 것에 더 넘치도록 능히 하실 이"(엡 3:20)라는 것이다.

우리를 위해 행하시는 하나님의 능력은 우리 안에 있는 하나님의 능력으로 측량될 수 있다. "우리 가운데서 역사하시는 능력대로"라는 말은 "우리 가운데서 일하시는 능력을 따라"라는 뜻이다. 기도의 능력을 겉으로 표출시키는 것은 우리 안에 있는 하나님의 능력을 분출하는 것이다. 우리 안에서 하나님이 제대로 운행하지 못하시게 되면 자연히 제대로 기도하지 못하는 결과를 초래하게 된다. 우리 안에서 하나님이 가장 강력하게 운행하시게 되면 자연히 가장 강력한 기도가 가능해진다. 기도하지 않는 삶에 숨어 있는 비밀은 그 안에 성령의 역사하심이 없다는 것이다. 어디에서나 연약한 기도의 비밀은 강력하게 일하시는 하나님의 성령이 계시지 않다는 것이다.

우리의 기도에 응답하시고 우리의 기도를 통해 일하시는 하나님의 능력은 하나님이 성령을 통해 우리 안에 불어넣을 수 있는 신성한 에너지로 측량될 수 있다. 기도의 능력을 표출하는 것은 우리 안에 계신 성령님의 척도이다. 그러므로 야고보서 5장에 등장하는 사도 야고보의 진술도 이와 같은 취지이다.

"믿음의 기도는 병든 자를 구원하리니 주께서 그를 일으키시리

라. 혹시 죄를 범하였을지라도 사하심을 받으리라. 그러므로 너희 죄를 서로 고백하며 병이 낫기를 위하여 서로 기도하라. 의인의 간구는 역사하는 힘이 큰이니라"(약 5:15-16).

성령님의 전능하신 에너지로 심령 안에서 역사하는 기도는 엘리야의 기도가 그랬던 것처럼 결과에 있어서 강력하게 역사한다. "엘리야는 우리와 성정이 같은 사람이로되 그가 비가 오지 않기를 간절히 기도한즉 삼 년 육 개월 동안 땅에 비가 오지 아니하고 다시 기도하니 하늘이 비를 주고 땅이 열매를 맺었느니라"(약 5:17-18).

효력 있는 강력한 기도를 하고 싶은가? 그렇다면 성령께서 우리 안에서 효력 있고 강력하게 역사하셔야 한다. 바울은 보편적으로 적용할 수 있는 원리를 제시한다.

"이를 위하여 나도 내 속에서 능력으로 역사하시는 이의 역사를 따라 힘을 다하여 수고하노라"(골 1:29).

우리 안에서 역사하시는 성령님에게서 솟아나지 않는 그리스도를 위한 모든 수고는 이치에 맞지 않을뿐더러 무익하다. 성령께서 우리 안에서 역사하지 않았으며 그분의 영광스러운 일을 우리 안에서 역사할 수 없기에 우리의 기도와 여러 가지 활동은 너무나 미약하고 별다른 성과를 거두지 못한다. 강력한 성과를 내도록 기도하고 싶은가? 그렇다면 당신 자신의 영 안에서 먼저 성령의 강력한 역사가 이루어지도록 간구하라.

오순절에 마음껏 결실을 맺기까지 충분히 확장되었던 성령을 위한 기도에 관한 최초의 교훈이 여기 우리에게 있다. 요한복음 14장 16절에서 예수님이 제자들과 함께 머물면서 하나님 아버지께 제자들 안에 내주하실 또 다른 보혜사를 보내달라고 기도하기 위해 애쓰던 때를 주목해보아야 한다. 그런데 이것은 중생을 통해 우리를 하나님의 자녀로 삼는 과정에서 성령께서 그분의 역사를 이룰 수 있도록 해달라는 기도가 아니다. 오히려 하나님의 자녀인 우리의 관계 덕분에 우리가 얼마든지 요구할 수 있는 더욱 충만한 성령의 은혜와 능력과 인격을 부어달라는 기도였다.

우리를 하나님의 자녀로 삼기 위해 우리 안에서 이루어지는 성령의 역사와 하나님의 자녀인 우리와 더불어 우리 안에 머물러 계시는 성령님의 인격은 우리와 그분의 관계 속에서 동일한 성령의 전혀 다른 양상이다. 이와 같은 후자의 역사에서 성령의 은사와 역사가 훨씬 더 크다. 성령의 임재, 심지어 그분 자신은 그분의 역사와 은사보다 훨씬 더 크다. 우리 안에서 성령의 역사하심은 그분 자신을 위해 우리를 준비시키신다. 성령의 은사는 그분의 임재를 베풀어주시는 것이다. 성령님은 그분의 역사하심을 통해 우리를 그리스도의 몸에 속한 지체로 삼고 붙여주신다. 성령은 그분의 임재와 인격을 통해 그 몸 안에서 우리를 지켜주신다. 성령은 그분의 은사를 통해 그

몸의 지체로서 감당해야 할 기능들을 쏟아낼 수 있도록 우리에게 능력을 부여하신다.

전체적인 교훈은 모든 기도의 가장 커다란 목표 지점으로써 성령을 구하는 데서 절정에 이른다. 산상수훈의 가르침에서 우리는 아주 분명하고 명확한 약속을 받는다.

"너희가 악한 자라도 좋은 것으로 자식에게 줄줄 알거든 하물며 하늘에 계신 너희 아버지께서 구하는 자에게 좋은 것으로 주시지 않겠느냐"(마 7:11).

누가복음에서는 "좋은 것"이 "성령"으로 대체된다. 모든 좋은 것이란 성령 안에서 이해될 뿐만 아니라 성령이야말로 모든 좋은 것의 결정체이자 절정이다.

우리 안에 거하시는 보혜사, 우리를 거룩하게 성별하시는 분, 우리에게 능력을 부어주시는 분으로서 성령의 은사를 얻는 것에 관한 인간의 온갖 가르침은 얼마나 복잡하고 혼란스럽고 뒤얽혀 있단 말인가! 반면에 그냥 "구하라"는 우리 주님의 가르침은 얼마나 단순하고 직접적이란 말인가! 이것은 분명하고 직접적이다. 절박하고 용감하게 구하라. 성령께서 임할 때까지 구하고 찾고 두드려라. 당신이 성령을 구하면 하늘에 계신 하나님 아버지께서는 확실히 당신에게 성령을 보내주실 것이다. 성령을 받도록 주님 안에서 기다려라. 하나님 아버지의 가장 큰 선물이자 자녀의 가장 큰 필요인 성령을 달라는 것은 어린아이 같은 기다림, 간구, 재촉, 기도를 통해 이루어진다.

믿음으로 구하는 사람들에게 너무나 자유롭게 약속된 성령을 과연 우리는 어떻게 받아야 하는가? 우리는 아무런 두려움을 모르는 믿음, 아무런 의심을 허락하지 않는 믿음, 불신앙으로 약속에 흔들리지 않는 믿음, 소망을 거스르는 가장 어둡고 침울한 시간에도 소망 가운데 신뢰하는 믿음, 소망으로 밝게 빛나며 더욱 강해지는 믿음, 소망을 통해 구원되는 믿음으로 온갖 평온함과 열정을 가지고 기다리며 간청하고 인내해야 한다.

그러므로 기다리면서 기도하라. 여기에 절망의 모든 요새를 열어젖히는 동시에 하나님의 온갖 보물 창고를 활짝 열어주는 열쇠가 있다. 이 세상 부모에게 알려진 모든 것을 무한정 뛰어넘는 거대하고 관대하고 유쾌한 마음으로 허락해주시는 이유는 하나님 아버지께 어린아이처럼 구하는 단순함 때문이다. 성령을 구하라. 성령을 찾으라. 성령을 두드려라. 성령은 자녀의 가장 큰 필요에 대한 하나님 아버지의 가장 큰 선물이다.

예수님이 우리에게 전하신 "구하고, 찾고, 두드리라"는 이 세 마디 말씀을 통해 우리는 끈질기게 노력하면서 전진하는 단계를 반복해야 한다. 예수님은 가장 강력한 방법으로 이 명령과 약속 안에 그분 자신을 내주신다. 그렇기에 우리가 기도에 우리 자신을 내주면서 끈기 있게 기도하는 가운데 점점 더 높고 강한 태도로 올라가는 동시에, 점점 더 깊은 세기와 노력으로 나아간다면 응답이 반드시 찾아올 수밖에 없다는 사실을 우리에게 보여준다. 더불어 구하고 찾고 두드리는 과정에서 필요하고 원하는 것을 얻지 못한다면 아무리 반짝이는 별들이라도 제대로 빛을 발하지 못할 것이라는 당연한 사실 또한 가르쳐준다.

여기에는 미리 선택된 자들이 없다. 낙심하지 않고 믿음이 약해지지 않게 끈기 있게 기도하는 선택받은 자들만이 그렇게 될 수 있다. "구하는 이마다 받을 것이요. 찾는 이는 찾아낼 것이요. 두드리는 이에게는 열릴 것이니라"(마 7:8, 눅 11:10). "내가 또 너희에게 이르노니 구하라, 그러면 너희에게 주실 것이요. 찾으라, 그러면 찾아낼 것이요. 문을 두드리라. 그러면 너희에게 열릴 것이니"(눅 11:9, 마 7:7)라는 말씀에 기초한 약속을 제외하고는 그 어떤 것도 기도 응답에 대한 확신을 우리에게 심어주는 더 강력한 선포는 없다.

간절함으로 성령님께 더 큰 도움을 구하라

성령에 관한 신약성경의 여러 계시 가운데 하나는 그분이 우리의 기도를 도우시는 조력자라는 사실이다. 그러므로 우리는 주님의 생애에서 성령의 사역과 기도 사이의 밀접한 관련성을 보여주는 다음과 같은 사건을 주의 깊게 묵상할 필요가 있다.

"그때에 예수께서 성령으로 기뻐하시며 이르시되 천지의 주재이신 아버지여 이것을 지혜롭고 슬기 있는 자들에게는 숨기시고 어린아이들에게는 나타내심을 감사하나이다. 옳소이다. 이렇게 된 것이 아버지의 뜻이니이다"(눅 10:21).

여기서 우리는 하나님이 우리에게 어떤 분인가에 관한 여러 가지 계시를 만나게 된다. 오직 어린아이의 마음을 품어야만 하나님 아버지를 알 수 있으며 오직 어린아이의 마음에만 하나님 아버지를 계시하실 수 있다. 모든 것이 하나님 아버지로 말미암아 그 아들을 통해 우리에게 전달되는 것은 오직 기도를 통해서다. 모든 것이 하나님 아버지와 그 아들로 말미암아 우리에게 계시되는 것은 오직 기도를 통해서다. 하나님 아버지께서 우리에게 그분 자신을 내주시는 것은, 그게 무엇이든 다른 모든 것보다 훨씬 더 만사형통하게 하는 것은 오직 기도를 통해서다.

누가복음 10장에서는 "그때에 예수께서 성령으로 기뻐하시며 이르시되"(21절)라고 말씀한다. 이것은 일반적으로 알려지지 않은, 혹시 알려졌더라도 무시되었을 커다란 진리, 곧 예수님께서 대개 성령의 인도하심을 받았다는 것, 그분의 사역과 생애뿐만 아니라 그분의 기쁨과 기도가 성령의 영감, 법칙, 인도하심 아래 있었다는 뜻이다. 로마서 8장 26~27절로 돌아가서 이 말씀을 한 번 읽어보라.

"이와 같이 성령도 우리의 연약함을 도우시나니 우리는 마땅히 기도할 바를 알지 못하나 오직 성령이 말할 수 없는 탄식으로 우리를 위하여 친히 간구하시느니라. 마음을 살피시는 이가 성령의 생각을 아시나니 이는 성령이 하나님의 뜻대로 성도를 위하여 간구하심이니라."

이 구절은 가장 의미심장하고 반드시 필요한 말씀이다. 인내, 소망, 기다림은 기도에서 우리를 도와준다. 그러나 이 모든 조력자 중에서 가장 크고 신성한 조력자는 바로 성령이시다. 성령은 우리를 위해 만물을 붙잡고 계신다. 우리는 수많은 것에 대해 어둡고 혼동하며 무지하고 연약하며 사실상 천상의 삶과 관련된 모든 것, 특히 기도라는 단순한 섬김에 대해서도 마찬가지다.

우리에게는 "마땅한 것", 곧 기도해야 할 의무와 당위성, 가장 절대적이고 필수적인 종류의 영적인 필요가 우리에게 있다. 그러나 우리는 그런 의무감을 전혀 느끼지 못할 뿐만 아니라 그런 필요성을 충족시킬 만한 능력이 아예 없다. 성령은 우리의 연약함을 도와주시고 무지를 지혜로 바꾸시며 우리의 연약함을 강함으로 변화시켜주신다. 성령 자신이 이런 일을 하신다. 성령은 마치 우리 자신이 힘써 일하고 수고하는 것처럼 우리를 도우시면서 붙잡고 계신다.

성령은 우리의 무지에 그분의 지혜를 더하시며 우리의 연약함에 그분의 강함을 보태신다. 성령은 우리를 위해 우리 안에서 탄원하신다. 성령은 우리의 기도를 재촉하고 조명하시며 영감을 불어넣으신다. 성령은 우리의 기도를 요구하는 문제에 관해 선포하고 고양시키시며 우리의 기도에 필요한 말과 감정을 영감으로 불어넣으신다. 성령께서 우리 안에서 강력하게 역사하심으로써 우리가 강력하게 기도할 수 있다. 성령은 하나님의 뜻에 따라서 언제 어디서든 우리가 기도할 수 있게 하신다. 이와 관련해서 우리는 요한일서 5장 14~15

절에서 다음과 같은 말씀을 만난다.

"그를 향하여 우리가 가진 바 담대함이 이것이니 그의 뜻대로 무
엇을 구하면 들으심이라. 우리가 무엇이든지 구하는 바를 들으
시는 줄을 안즉 우리가 그에게 구한 그것을 얻은 줄을 또한 아느
니라."

하나님을 향해 나아갈 수 있도록 우리에게 담대함을 허락하실
뿐만 아니라 자유롭고 충분하게 가까이 다가갈 수 있도록 하는 것
은, 그처럼 담대하고 자유롭게 나아갈 수 있다는 사실의 기초는 우
리가 "하나님의 뜻을 따라" 구하고 있다는 점이다. 이것은 순복이 아
니라 순응을 의미한다. "따라서"라는 말은 기준에 맞춘다, 순응한다,
또는 동의한다는 뜻이다. 우리는 하나님의 뜻에 순응하여 기도하고
있기에 담대하고 자유롭게 하나님께로 나아갈 수 있다.

하나님은 성경 말씀에 그분의 일반적인 뜻을 기록해 놓으셨지만
우리가 기도할 수 있도록 이와 같은 특별한 사역을 행하신다. 하나
님을 기다린 선지자의 말에 따르면 하나님의 일은 우리를 위하여 예
비되었다. 그렇다면 우리는 기도 중에 하나님의 뜻을 도대체 어떻게
알 수 있는가? 특별히 우리가 실행하고 기도하도록 하나님이 계획
하신 일들은 도대체 무엇이란 말인가? 성령은 그와 같은 일들을 우
리에게 영구히 계시하신다.

"이와 같이 성령도 우리의 연약함을 도우시나니 우리는 마땅히 기도할 바를 알지 못하나 오직 성령이 말할 수 없는 탄식으로 우리를 위하여 친히 간구하시느니라. 마음을 살피시는 이가 성령의 생각을 아시나니 이는 성령이 하나님의 뜻대로 성도를 위하여 간구하심이니라"(롬 8:26-27).

여기서 우리는 앞의 로마서 8장 26~27절의 말씀과 고린도전서 2장 9~16절에 나오는 말씀을 통합적으로 살펴볼 필요가 있다.

"기록된 바 하나님이 자기를 사랑하는 자들을 위하여 예비하신 모든 것은 눈으로 보지 못하고 귀로 듣지 못하고 사람의 마음으로 생각하지도 못하였다 함과 같으니라. 오직 하나님이 성령으로 이것을 우리에게 보이셨으니 성령은 모든 것 곧 하나님의 깊은 것까지도 통달하시느니라. 사람의 일을 사람의 속에 있는 영 외에 누가 알리요. 이와 같이 하나님의 일도 하나님의 영 외에는 아무도 알지 못하느니라. 우리가 세상의 영을 받지 아니하고 오직 하나님으로부터 온 영을 받았으니 이는 우리로 하여금 하나님께서 우리에게 은혜로 주신 것들을 알게 하려 하심이라. 우리가 이것을 말하거니와 사람의 지혜가 가르친 말로 아니하고 오직 성령께서 가르치신 것으로 하니 영적인 일은 영적인 것으로 분별하느니라. 육에 속한 사람은 하나님의 성령의 일들을 받지 아니하나니 이는 그것들이 그에게는 어리석게 보임이요. 또 그는 그것들을 알 수도 없나니 그러한 일은 영적으로 분별되기 때문이라. 신령한 자는 모든 것을 판단하나 자기는 아무에게도 판단을 받지 아니하느니라. 누가 주의 마음을 알아서 주를 가르치겠느냐. 그러나 우리가 그리스도의 마음을 가졌느니라"(고전 2:9-16).

"오직 하나님이 성령으로 이것을 우리에게 보이셨으니 성령은 모든 것 곧 하나님의 깊은 것까지도 통달하시느니라." 이 말씀에 주목하라. 하나님은 성령이 내주하시는 심령을 감찰하고 계시며 성령의 생각을 알고 계신다. 우리의 심령 안에 내주하시는 성령은 하나님의 깊은 목적과 하나님의 뜻을 감찰하고 계시며, 그러한 하나님의 목적과 뜻을 우리에게 계시하셔서 하나님이 우리에게 자유롭게 허락하시는 것들을 우리가 알게 하신다.

우리의 영은 하나님의 성령이 너무나 충만하게 자리를 잡고 계셔서 하나님의 뜻과 조명하심에 민감하게 반응하고 순종적인 나머지, 우리는 성령께서 우리에게 하나님의 뜻이라고 보여주시고 믿음으로 확신하는 것들을 거룩한 담대함으로 구하게 된다. 그러면 우리는 지금까지 우리가 간구한 탄원이 우리에게 이루어진다는 사실을 깨닫게 된다.

육에 속한 자연인도 기도하기는 하지만 자기의 뜻, 일시적인 기분이나 변덕, 욕망에 따라 기도한다. 만약 그 사람에게 뜨거운 열망과 탄식이 있다면 그것은 성령이 아니라 단지 자기 본성의 불꽃이자 고뇌에 지나지 않을 뿐이다. 자연적인 기도의 세계를 차지하고 있는 것은 이기적이고 자기중심적이며 자기 영감에 따른 것일 뿐이다.

우리를 통해 기도하시거나 마땅히 해야 할 올바른 기도를 강력하게 만족시키기 위해 우리를 도우실 때 성령은 하나님의 뜻에 맞추어 우리의 기도를 나름대로 손질하신다. 그러면 우리는 성령의 말할 수 없는 탄식에 맞추어 마음과 표현을 올려드리게 된다. 그런 다음에야 우리는 예수님의 생각을 갖게 되고 마치 예수님이 기도하시는 것처럼 기도하게 된다. 예수님의 생각, 목적, 소망이 우리의 생각, 목적, 소망으로 자리 잡게 된다.

이것은 이미 우리에게 있는 것과는 전혀 다른 새로운 성경 말씀이 아니라 우리에게 있어서 하나님의 성령을 통해 개인적으로 얼마든지 적용할 수 있는 성경 말씀이다. 그건 전혀 새로운 본문 말씀이 아니라 오히려 성령이 그 당시에 우리를 위해 어떤 특정한 본문 말씀을 아름답게 장식하시는 것이다. 그것은 천국에서 하나님 아버지 우편에 앉으신 예수 그리스도의 훌륭한 중보기도와 조화를 이루어 이 땅에서 멋진 중보자의 직분을 감당하도록 성령께서 빛, 인도하심, 가르치심, 능력을 주심으로써 우리에게 말씀을 펼쳐놓으시는 것이다.

우리는 성령을 통해 이 중보기도가 어떤 것인지와 마땅히 어떻게 되어야 하는지에 대한 구체적인 사례와 조력자를 얻게 된다. 우리에게는 그 성령 안에서 간구하고 그 성령 안에서 기도해야 할 책임이 있다. 중보기도가 너무나 신성하고 고상한 성격의 기술이지만, 우리는 성령께서 "우리의 연약함을 도우신다"는 점과 비록 우리가 마땅히 기도해야 할 바를 알지 못하더라도 성령은 "말할 수 없는 탄식으로" 우리 안에서 중보하심으로써 이와 같은 천상의 기술을 우리에게 가르쳐주신다는 사실도 기억해야 한다.

이처럼 온갖 중보기도를 올려드려야 하는 성령의 짐이 얼마나 무겁겠는가! 성령은 온 세상의 죄악, 온 세상의 비통함, 온 세상의 상실감을 얼마나 절절하게 느끼시겠는가! 성령은 그러한 무시무시한 상황들에 얼마나 깊이 공감하시면서 너무나 절절하여 그분의 입으로 감히 말할 수도 없으며, 너무나 신성하여 감히 소리를 발할 수도 없어서 그냥 탄식하고만 계신 것으로 보일 수밖에 없겠는가! 성령은 이처럼 가장 신성한 중보기도의 일을 감당하도록 우리에게 영감을 불어넣으실 뿐만 아니라 그분의 능력을 통해 우리가 압제 받는 자들, 무거운 짐을 짊어진 자들, 고통받는 사람들을 위해 하나님께 탄식할 수 있게 하신다. 성령은 수많은 방식으로 우리를 도우신다.

이처럼 성령 안에서 간구하는 성도들의 중보기도는 얼마나 강력하겠는가! 반면에 성령 없는 기도는 얼마나 헛되고 기만적이며 얼마나 철저하게 열매 없고 비효율적이겠는가! 공식적인 기도가 국가적인 행사에 아무리 적합하고 아무리 아름답고 품위가 있을지라도 하나님이 귀히 여기시는 기도보다 더 가치 있는 것은 아무것도 없다. 우리 안에서 하나님의 역사가 가장 강력하게 일어나도록 성령을 도와주고, 그와 동시에 성령께서 몸소 기도하는 가운데 이처럼 열렬히 고양된 우리의 노력에 대해 우리를 도와주시는 까닭은 결국 우리의 기도가 약해지지 않아야 하기 때문이다.

우리는 하나님께 속하지 않은 수많은 영감과 수많은 방법을 통해 기도하고 있으며 기도할 수 있다. 전부 그런 것은 아니지만 수많은 기도가 방식이나 내용에서 부분적으로 판에 박은 듯 상투적인 문구로 가득하다. 반면 다른 수많은 기도는 마음에서 우러나온 강력하고 열정적인 기도인 동시에 자연스러운 마음이자 신선한 열정이다. 수많은 기도는 습관에 따라 형식적으로 이루어진다. 습관은 제2의 천성이다. 그러므로 나쁜 습관으로 길들 수도 있지만 바람직한 방향으로 길들기만 한다면 좋은 습관이 형성될 수도 있다. 기도하는 습관은 좋은 습관이므로 일찍부터 강하게 형성되어야 한다.

그러나 단지 습관적으로 기도하는 것은 기도의 생명력을 파괴하는 것이며 공허하고 위선적인 형식으로 기도를 퇴행하게 만들 뿐이다. 습관은 기도의 강물을 자연스럽게 흘려보내는 제방을 쌓을 수도 있지만 이 두 제방 사이에는 강하고 깊고 순전한 물결이 흘러야 하며 수정같이 맑고 생명을 전해주는 흐름이 있어야 한다. 한나는 갑절로 기도하면서 "다만 슬픈 마음을 가눌 길이 없어서 저의 마음을 주님 앞에 쏟아 놓았다"(삼상 1:15 참조). 그 생명수가 가득 차서 제방으로 흘러넘친다면 우리는 자신의 기도 습관을 지나치게 억지로 통제하려고 해서는 안 된다.

기도생활에 대한 가장 신성한 본보기는 바로 하나님의 아들이시다. 기도생활에 대한 우리의 신성한 조력자는 성령이시다. 성령은 기도하도록 우리를 재촉하시며 기도생활에서 우리를 도와주신다. 받아들여질 만한 기도는 성령의 임재와 영감으로 말미암아 시작되고 지속된다. 우리는 성령 안에서 기도하도록 성경을 통해 요구받는다. 우리에게는 성령 안에서 모든 기도와 간구로 항상 기도하는 책임이 있다. 우리는 다음과 같은 격려를 기억해야 한다. "이와 같이 성령도 우리의 연약함을 도우시나니 우리는 마땅히 기도할 바를 알지 못하나 오직 성령이 말할 수 없는 탄식으로 우리를 위하여 친히 간구하시느니라"(롬 8:26). "마음을 살피시는 이가 성령의 생각을 아시나니 이는 성령이 하나님의 뜻대로 성도를 위하여 간구하심이니라"(롬 8:27).

우리는 이와 같은 기도의 문제에서 너무나 무지하고 무능하기에 성령께서 이와 같은 신성한 기술을 가르치기 위하여 절대 무오하고 매우 지혜로운 스승으로서 우리에게 찾아오신다. 온 마음과 힘을 다하여, 이성과 의지를 동원하여 기도하는 것이야말로 이 땅에서 벌어지는 그리스도인의 전투에서 가장 큰 공로이다. 이것이야말로 성령을 통해 감당하도록, 그리고 감당할 수 있도록 가르침을 받아야 하는 이유이다. 어떤 사람도 성령의 도움 없이는 예수님을 그리스도라고 고백할 수 없다면 하나님의 성령으로부터 도움을 받지 않고서는 누구도 기도할 수 없다.

그러므로 성령을 통해 기도하기 위해서는 언제나 우리에게 성령이 계셔야 한다. 마치 이 세상의 스승들처럼 성령은 우리에게 어떤 교훈을 가르친 다음에 홀연히 떠나가지 않으신다. 성령은 자신이 가르친 교훈을 제대로 실행하도록 돕기 위해 우리에게 그대로 머물러 계신다. 우리는 성령께서 가르치신 훈계와 교훈만으로 기도하는 게 아니라 성령 자신으로 기도한다. 성령은 스승이자 교훈이다. 성령은 영감을 불어넣고 조명하며 설명하고 그렇게 하도록 도와주기 위해 언제나 우리와 함께 계시기 때문에 우리는 성령의 교훈을 알아챌 수밖에 없다.

우리는 성령께서 우리에게 계시하시는 진리만으로 기도하는 게 아니라 성령의 실제적인 임재로 말미암아 기도한다. 성령은 우리의 마음속에 소망을 불어넣으신다. 성령 자신의 불꽃으로 그 소망에 불을 붙이신다. 우리는 단지 성령의 말할 수 없는 탄식에 입술과 목소리와 마음을 내드릴 뿐이다. 성령은 우리의 기도를 들어 올리셔서 거기에다 그분의 중보로 활기를 불어넣어 더욱 거룩하게 구별하신다. 성령은 우리를 위해, 우리를 통해, 우리 안에서 기도하신다. 우리는 성령으로 말미암아 성령을 통해, 성령 안에서 기도한다. 성령은 우리 안에 기도를 놓아두시고 우리는 입술과 마음을 거기에 내드린다.

성령께서 우리의 기도를 도우실 때 우리는 항상 하나님의 뜻에 따라 기도하게 된다. 성령은 오직 하나님의 뜻을 따르는 경우에만 우리를 통해 기도하신다. 만약 우리의 기도가 하나님의 뜻을 따르지 않는다면 그 기도는 성령의 임재 가운데서도 죽게 된다. 성령은 그러한 기도에 아무런 지지와 도움을 베풀지 않으신다. 성령으로부터 아무런 지지와 도움을 받지 못하고 하나님의 뜻에 따르지 않는 기도는 아무리 성령께서 내주하시는 심령이라 하더라도 이내 죽어버리고 만다.

유다가 말하는 대로 우리는 성령 안에서 기도해야 한다. 바울이 말한 대로 우리는 성령 안에서 모든 기도와 간구로 항상 기도해야 한다. 또한 "이와 같이 성령도 우리의 연약함을 도우시나니 우리는 마땅히 기도할 바를 알지 못하나 오직 성령이 말할 수 없는 탄식으로 우리를 위하여 친히 간구하시느니라. 마음을 살피시는 이가 성령의 생각을 아시나니 이는 성령이 하나님의 뜻대로 성도를 위하여 간구하심이니라"는 사실을 절대로 잊어서는 안 된다. 다른 무엇보다 우리가 올려드리는 모든 기도에는 그리스도의 이름이 있어야 하며, 거기에는 그리스도의 보혈에 담긴 능력, 그리스도의 중보에 담긴 에너지, 보좌에 앉으신 그리스도의 충만함이 포함되어 있다. "내 이름으로 무엇이든지 내게 구하면 내가 행하리라"(요 14:14).

우리 인간에게 두 분의 신성한 위로자, 중재자, 조력자가 있다는 사실은 복음 안에서 하나님의 섭리가 얼마나 풍성한지를 가르쳐주며, 또한 능력 있게 구원의 역사를 수행하는 데 필요한 은혜를 제공해준다. 천국을 향한 순례와 전투 중인 인간의 연약함과 필요는 매우 다차원적이다. 그러므로 이 두 그리스도는 다중적인 지혜로 그것들을 충족시켜 주신다.

구원 계획을 실행하는 과정에서 두 중보자에 대한 하나님의 섭리가 얼마나 풍성한지는 크고 작은 모든 것을 포괄하는 기도의 약속, 곧 그 성격상 무한한 기도의 약속에서 그에 상응하는 말씀을 발견하게 된다. "또 너희가 기도할 때에 이루어질 것을 믿으면서 구하는 것은 무엇이든지 다 받을 것이다"(마 21:22, 새번역). 우리는 그리스도 안에서 모든 것을 얻게 되고 성령 안에서 모든 것을 받게 되며 기도 안에서 모든 것을 갖게 된다.

하나님의 계획과 목적 안에서 이 두 그리스도를 통해 우리가 얼마나 많은 것을 우리 것으로 소유하게 되겠는가! 그 두 분 가운데 한 분은 하늘에 오르셔서 보좌에 앉아 우리의 유익을 위해 중보하고 계시며, 또 다른 그리스도는 하늘에 계신 분을 대표하여 이 땅에 오신 더 나은 대리자로서 우리 안에서, 우리를 위해 중보하신다.

첫 번째 그리스도는 인간으로 오셨다. 또 다른 그리스도도 물론 인격체이기는 하지만 물리적인 형태로 옷을 입거나 첫 번째 그리스도께서 어쩔 수 없이 그랬던 것처럼 인간적인 한계에 종속되지는 않으신다. 또 다른 그리스도는 지역이나 공간의 제한을 받지도 않으시며 일시적인 현상이 아니라 영원토록 머물러 계신다. 감각적인 존재, 물질적인 존재, 육체적인 존재를 다루시는 게 아니라 영이라는 신비롭고 장엄한 영역 속에 인격적으로 들어가서 그토록 황폐하고 어두운 영역을 에덴동산의 아름다움보다 더 멋진 곳으로 해방하고 변화시키신다.

첫 번째 그리스도는 수련 기간을 다 보내고서 영적인 지식이라는 더 고상한 영역으로 들어갈 수 있었다. 그런 다음 뒤로 물러나심으로써 영인 그리스도께서 하나님의 더 깊은 신비 속으로 들어갈 수 있도록 우리를 훈련하고 가르치실 수 있게 하셨다. 또한 온갖 역사적이고 물리적인 존재가 영적인 존재라는 순금으로 변형될 수 있게 하셨다.

첫 번째 그리스도는 우리에게 마땅히 변화되어야 할 모습에 대한 그림을 보여주셨다. 또 다른 그리스도는 우리의 마음에 이처럼 완전하고 변하지 않는 이미지를 투사해주셨다. 첫 번째 그리스도께서 마치 다윗처럼 성전을 위한 재료를 모으고 제공하셨다면, 또 다른 그리스도는 이 재료를 가지고 하나님의 영광스러운 성전을 지으신다.

그러니까 기도의 가능성은 이러한 두 분의 신성한 중보자의 가능성이다. 성령께서 말할 수 없는 탄식으로 우리를 위하여 중보하실 때, 성령께서 우리를 도와주셔서 우리의 기도가 하나님의 뜻과 나란히 달릴 때 우리의 기도로 말미암아 나타날 결과에 도대체 어떤 제한이 있을 수 있단 말인가? 이때 우리는 마땅히 기도해야 할 것들을 바로 그와 같은 방식으로 기도하게 된다. 이러한 기도는 성령께서 절박하게 가르치고 강조하신 것이다. 우리가 하나님의 모든 충만하심으로 충만할 때, 우리가 하나님의 모든 뜻에 온전하고 완벽하게 서 있을 때 우리에게 나타날 기도의 가능성이란 도대체 얼마나 엄청나고 대단하겠는가?

만약 모세의 경이로운 중보기도가 이스라엘의 놀라운 역사와 운명을 통틀어 이스라엘의 존재와 안전을 지켜주었다면 우리가 모세보다 훨씬 더 뛰어난 중보자를 통해 도대체 무엇을 확실히 담보하지 못하겠는가? 하나님께 있는 모든 것은 기도를 통해 그리스도께 활짝 열려 있다. 그리스도께 있는 모든 것은 기도를 통해 우리에게 활짝 열려 있다.

만약 저 하늘과 이 땅에서 선함, 능력, 순전함, 영광과 관련한 모든 영역을 총괄하는 두 분의 그리스도께서 우리에게 있다면, 만약 여기 이 세상에 더 나은 그리스도께서 우리와 함께 있다면 도대체 우리가 왜 제자들이 그리스도를 알았던 것처럼 육신을 따라 그리스도를 알기 위해 탄식해야 한단 말인가? 도대체 왜 이 두 분의 전능한 중보자께서 보여주시는 강력한 역사에도 우리에게 그토록 보잘 것없는 천상의 열매가 나타난단 말인가? 도대체 왜 그리스도를 닮는 온갖 원리를 지키는 데서 그토록 허약하고, 그리스도를 닮아가는 삶에서 그토록 무기력하며, 그리스도를 닮은 형상을 그토록 훼손했단 말인가? 그것은 지금까지 성령을 위한 우리의 기도가 너무나 미약하고 부족했기 때문이 아닌가? 우리가 이 세상에 현존하시는 그리스도, 곧 성령의 충만하심을 받았을 때라야 비로소 천상의 그리스도께서 충만한 아름다움과 능력 가운데 우리에게 임하실 수 있다.

언제나 기도의 삶을 사는 것, 언제나 기도의 영으로 호흡하는 것, 언제나 기도의 사실 가운데 있는 것, 언제나 성령 안에서 기도하는 것이 천상의 그리스도께서 육신으로 계시던 시절에 제자들과 함께 나누셨던 것보다 더 확실한 이상, 더 깊은 사랑, 더 친밀한 교제를 통해 우리의 소유가 될 것이다.

우리는 천국에서 그리스도를 보아 알게 되는 만큼 이 세상에 그리스도께서 계시지 않음으로써 우리에게 커다란 상실이 있다는 사실을 감추거나 축소시키지 않을 것이다. 이 땅에서 우리로 말미암아 이루어져야 할 일, 다른 무엇보다 우리 안에서 이루어져야 할 일을 통해 우리는 그 아들의 인격적이고 인간적인 임재 아래서 가능했던 것보다 그리스도와 하나님 아버지를 훨씬 더 잘 알게 된다. 그리고 성령의 사역으로 그 두 분을 훨씬 더 잘 활용할 수 있게 된다.

그러므로 성령으로 충만하여 사랑 넘치고 순종적인 자들에게 하나님 아버지와 성자 예수님은 둘 다 "그 사람에게로 가서 그 사람과 함께 살 것이다"(요 14:23, 새번역). 내주하시는 성령으로 충만해지는 날에는 "내가 아버지 안에 너희가 내 안에 내가 너희 안에 있는 것을 너희가 알리라"(요 14:20). 놀라운 하나 됨과 조화는 또 다른 그리스도의 전능하신 능력으로 이루어졌다.

놀라운 점은 또 다른 그리스도, 곧 성령으로 말미암아 우리는 충만하게 된다는 사실이다.

"그의 영광의 풍성함을 따라 그의 성령으로 말미암아 너희 속사람을 능력으로 강건하게 하시오며 믿음으로 말미암아 그리스도께서 너희 마음에 계시게 하시옵고 너희가 사랑 가운데서 뿌리가 박히고 터가 굳어져서 능히 모든 성도와 함께 지식에 넘치는 그리스도의 사랑을 알고 그 너비와 길이와 높이와 깊이가 어떠함을 깨달아 하나님의 모든 충만하신 것으로 너희에게 충만하게 하시기를 구하노라"(엡 3:16-19).

이보다 더 놀라운 점은 하나님은 우리의 생각보다 넘치도록 능히 하실 수 있는 전능하신 분이라는 사실이다.

"우리 가운데서 역사하시는 능력대로 우리가 구하거나 생각하는 모든 것에 더 넘치도록 능히 하실 이에게 교회 안에서와 그리스도 예수 안에서 영광이 대대로 영원무궁하기를 원하노라. 아멘"(엡 3:20-21).

또 다른 그리스도의 임재와 능력은 제자들에게 첫 번째 그리스도의 상실을 보상하고도 남음이 있었을 것이다. 첫 번째 그리스도의 떠나가심은 제자들의 마음을 이상한 슬픔으로 가득 채웠다. 마치 버려진 고아처럼 고독함과 처량함이 제자들의 마음을 휩쓸고 지나가면서 제자들을 어리둥절하고 어리벙벙하게 만들었다. 그러나 첫 번째 그리스도는 이와 같은 말로 제자들을 위로하셨다. "여자가 해산하게 되면 그때가 이르렀으므로 근심하나 아기를 낳으면 세상에 사람 난 기쁨으로 말미암아 그 고통을 다시 기억하지 아니하느니라. 지금은 너희가 근심하나 내가 다시 너희를 보리니 너희 마음이 기쁠 것이요 너희 기쁨을 빼앗을 자가 없으리라"(요 16:21-22).

성령의 강림은 기도로 가능해지게 되었다. 사도행전 1장 12~15절에 등장하는 이 말씀을 한 번 읽어보라. "제자들이 감람원이라 하는 산으로부터 예루살렘에 돌아오니 이 산은 예루살렘에서 가까워 안식일에 가기 알맞은 길이라. 들어가 그들이 유하는 다락방으로 올라가니 베드로, 요한, 야고보, 안드레와 빌립, 도마와 바돌로매, 마태와 및 알패오의 아들 야고보, 셀롯인 시몬, 야고보의 아들 유다가 다 거기 있어 여자들과 예수의 어머니 마리아와 예수의 아우들과 더불어 마음을 같이하여 오로지 기도에 힘쓰더라. 모인 무리의 수가 약 백이십 명이나 되더라."

이것이 바로 예수님이 하늘로 올라가신 이후에 제자들이 취한 태도였다. 이와 같은 기도 모임으로 말미암아 성령의 강림하심이 가능해지게 되었다. 이에 관해 선지자들은 기뻐서 어찌할 줄 모를 만큼 황홀한 이상을 가지고 학수고대해 왔었다. 복음의 운명을 고스란히 지켜내면서 붙잡고 있게 되는 이와 같은 강림은 아주 독특한 방식으로 기도에 의존해왔다.

사도적인 역할을 감당했던 사람들은 기도의 가치를 너무나 잘 알고 있었으며 자신들의 시간과 에너지를 빼앗아가면서 "오로지 기도하는 일과 말씀 사역에 힘쓰지"(행 6:4) 못하도록 방해하는 여러 가지 매우 성스러운 직분에 대해서도 몹시 경계하였다. 사도들은 기도생활을 가장 우선시하였다. 말씀조차도 "길이 있을 것은 더욱 영광 가운데"(고후 3:11) 있을 기도에 의존했다.

그러므로 기도하는 성도들은 말씀을 전파하는 사도들을 만든다. 기도는 말씀으로 나아가는 가장자리, 출입구, 중요성을 제공한다. 기도하는 가운데 어떤 생각을 품으면서 기도로 가득한 설교는 그만큼 비중 있는 설교이다. 설교가 여러 가지 생각으로 묵직해지고 천재적이고 맛깔스러운 보석, 유쾌하고 인기 있는 보화로 반짝반짝 빛날 수도 있지만, 그 설교가 기도하는 가운데 탄생하여 생명력을 유지하지 않는다면 하나님이 쓰시기에 하찮고 우둔하고 죽은 것이다.

하나님의 복음은 항상 성공을 거두기 위해 다른 어떤 것보다 더 많이 기도를 기다려왔다. 다른 모든 것이 빈약하더라도 기도하는 교회는 강하다. 다른 모든 것이 풍부할지라도 기도하지 않는 교회는 허약하다. 오직 기도하는 심령만이 하나님의 나라를 건설할 수 있다. 오직 기도하는 일손만이 우리 구세주의 머리에 면류관을 씌워드릴 수 있다.

성령은 인격적이고 인간적인 그리스도를 대체하는 동시에 대표하도록 하나님께 임명받은 존재이다. 성령께서 우리에게 얼마나 많은 의미를 던져주는 존재란 말인가? 그런데 도대체 어떻게 우리가 성령으로 충만해지고 성령 안에서 살고 성령과 동행하며 성령의 인도하심을 받을 수 있단 말인가? 과연 어떻게 우리가 거룩한 불길을 더욱 밝게, 더욱 활기차게 타오르는 불꽃으로 지켜내고 계속 불타게 할 수 있단 말인가?

그와 같은 순전한 불꽃을 절대로 끄지 않기 위해서는 우리가 얼마나 많은 주의를 기울여야 하겠는가? 성령의 민감하고 사랑 넘치는 본성을 슬프게 하지 않기 위해서는 얼마나 깨어 있고 섬세하며 사랑이 넘쳐야 하겠는가? 성령의 신성한 자극을 절대로 거스르지 않기 위해, 항상 성령의 음성을 듣기 위해, 항상 성령의 거룩한 뜻을 행하기 위해서는 도대체 얼마나 경청하고 온유하고 순종해야 한단 말인가? 도대체 어떻게 이 모든 게 지속적이고 많은 기도 없이 이루어질 수 있단 말인가?

끈기 있게 간청한 과부는 무기력하고 소망 없는 절망감을 이겨낸 훌륭한 사례이다. 그 과부는 끈덕진 기도로 그렇게 할 수 있었다. 우리는 이 보화를 잘 보존하고 더욱 갈고 닦아야 하지만 우리에게는 그것을 누리도록 도와주는 신성한 인격체가 계신다. 우리는 오직 많은 기도를 통해서만 우리의 임무를 충분히 감당할 수 있게 된다.

기도는 성령이 살아계셔서 역사할 수 있는 유일한 요소이다. 기도는 우리 안에서 그분의 행복한 사역으로 그분 자신을 즐거이 사로잡히게 만드는 황금 사슬이다. 모든 것은 바로 이 두 번째 그리스도께서 우리에게 있느냐 없느냐에 따라 달라지며 성령의 능력이 충만한 상태로 그분을 계속 붙잡아둘 수 있느냐 없느냐에 따라 달라진다.

제자들에게 오순절은 기도로 말미암아 임하게 되었다. 제자들에게 오순절은 지속적인 기도에 전념함으로써 계속되었다. 지치지 않는 끈질긴 기도는 우리에게 오순절이 임하도록 계속해서 올려드림으로써 지불해야 할 대가이다. 기도의 사실과 기도의 영 안에 계속해서 머무는 것은 우리가 오순절의 능력과 순전함에 머물러 있게 만드는 유일한 보증이다.

우리 안에서, 우리를 위한 성령의 다차원적인 운행하심은 그분을 위한 기도의 필요성을 우리에게 가르쳐줄 뿐만 아니라 우리의 기도에 대한 성령의 조건이 또 다른 태도, 곧 상호 의존하는 태도, 그러니까 작용과 반작용이 오가는 태도라고 가정한다. 우리가 점점 더 많이 기도할수록 성령은 점점 더 많이 우리를 도와서 기도하게 하시며 점점 더 많은 분량으로 우리에게 자신을 허락하신다.

우리는 우리에게 성령이 오시도록 기도하고 강조하고 기다릴 뿐만 아니라 성령을 충만하게 받은 이후에 우리에게 성령을 더욱 충만하게, 더욱 많이 부어주시도록 기도해야 한다. 우리는 가장 많이, 점점 증가하는, 끊임없이 충만한 분량으로 채워달라고 기도해야 한다. "그의 영광의 풍성함을 따라 그의 성령으로 말미암아 너희 속사람을 능력으로 강건하게 하시오며"(엡 3:16). 이렇게 바울은 에베소교회의 성령 세례를 위해 기도했다. 또한 바울은 계속해서 다음과 같이 기도했다는 사실을 기억해야 할 것이다.

> "믿음으로 말미암아 그리스도께서 너희 마음에 계시게 하시옵고 너희가 사랑 가운데서 뿌리가 박히고 터가 굳어져서 능히 모든 성도와 함께 지식에 넘치는 그리스도의 사랑을 알고 그 너비와 길이와 높이와 깊이가 어떠함을 깨달아 하나님의 모든 충만하신 것으로 너희에게 충만하게 하시기를 구하노라"(엡 3:17-19).

사도 바울은 에베소 교인들을 위한 이처럼 놀라운 기도에서 스스로 하나님께 기도하기 위해 애썼다. 그러면서 그러한 기도를 통해 성령의 임재와 역사로 죽을 수밖에 없는 영혼들을 위한 하나님의 구원계획에 담긴 도저히 측량할 수 없는 깊이를 헤아리고 그 계획의 광대한 목적과 유익을 헤아리려고 노력했다. 오직 끈덕지고 강력한 기도만이 우리에게 성령을 임하게 할 수 있으며 이루 다 말로 표현할 수 없는 이러한 은혜로운 결과를 우리를 위해 확보할 수 있다. "그리스도 예수의 종인 너희에게서 온 에바브라가 너희에게 문안하느니라. 그가 항상 너희를 위하여 애써 기도하여 너희로 하나님의 모든 뜻 가운데서 완전하고 확신 있게 서기를 구하나니"(골 4:12).

하나님의 말씀은 그분의 성도들 안에 강력하게 의식적으로 깨달은 신앙을 제공한다. 이처럼 행복하게 빛나는 성도들의 영으로, 하나님은 내주하시는 분으로서 임재하셨으며 그 성도들의 천국 같은 삶은 하나님의 손에서 아름다운 곡조로 울려 퍼지곤 했다.

그러니까 다음과 같은 말씀은 진실하다고 증명될 것이다. "나를 믿는 자는 성경에 이름과 같이 그 배에서 생수의 강이 흘러나오리라"(요 7:38). 여기에 우리 안에서 성령의 내주하심과 흘러넘치심에 관한 약속이, 생명을 전하는, 열매를 많이 맺는, 저항할 수 없는, 끊임없이 흘러넘치는 우리 안에 있는 하나님의 생수의 강에 관한 약속이 있다.

나일강보다 더 복된, 아마존의 넓고 강한 물결보다 더 깊고 넓으며 더욱 활기차게 흘러넘치는 이 강력한 강의 물줄기가 온 세상에 얼마나 필요하고, 교회에도 얼마나 필요하단 말인가! 그런데 거기서 우리는 얼마나 순전한 시냇물, 우리 안에 그와 같은 시냇물만을 간직하고 있단 말인가!

오, 성령으로 가득 채워져서 흘러넘치는 교회여! 바로 그 교회는 성령의 권능을 기억하는 기념비를 곳곳에 세워 사람들의 마음을 사로잡을 뿐만 아니라 시선을 붙잡을 수 있지 않겠는가! 우리에게도, 이 시대에도, 또한 교회에도 하나님의 강력한 권능을 증거하는 기념비가 필요하다. 그것은 하나님의 원수들을 침묵하게 할 것이고 연약한 성도들을 강하게 만들 것이며 강한 성도들을 승리의 환희로 채울 것이다.

이처럼 지극히 중요한 문제에 관한 하나님의 약속을 좀 더 살펴보는 것은 어떻게 그 약속들이 경험적인 문제와 실제적인 문제로 투영될 필요가 있는지 우리에게 보여준다.

"예수께서 대답하여 이르시되 내 교훈은 내 것이 아니요. 나를 보내신 이의 것이니라. 사람이 하나님의 뜻을 행하려 하면 이 교훈이 하나님께로부터 왔는지 내가 스스로 말함인지 알리라. 스스로 말하는 자는 자기 영광만 구하되 보내신 이의 영광을 구하는 자는 참되니 그 속에 불의가 없느니라"(요 7:16-18).

우리에게는 깨어 있는 신앙이, 인격적이고 필수적이며 그 기쁨을 이루 다 말할 수 없는 영광으로 충만한 신앙이 얼마나 필요하단 말인가! 그 필요는 깨어 있는 신앙을 위한 것이며, 그와 같은 신앙은 우리가 하나님의 자녀라는 증거를 간직하고 계신 성령으로 그렇게 만들어진다. 다음과 같은 말씀에서처럼 "내가 안다"는 신앙은 유일하게 강력하고 필수적이며 의욕적인 신앙이다. "다만 한 가지 내가 아는 것은 내가 눈이 멀었다가 지금은 보게 되었다는 것입니다"(요 9:25, 새번역).

이처럼 느슨한 시대를 살아가는 우리에게는 내면의 양심에 따라 앞서 언급한 그리스도의 약속을 확실히 입증할 수 있는 사람들이 필요하다. 그러나 우리 모든 교회에는 얼마나 많은 헤아릴 수 없는 사람들, 단지 희미하고 미묘한, 그러기를 바라는, 아마 그런지도 모르는, 그렇게 믿는 그렇고 그런 종류의 신앙을 가진 사람들, 모두 수상쩍고 막연하며 불안정한 신앙을 가진 사람들이 여전히 존재한단 말인가!

그러므로 우리 교회에는 이런 성도들이 꼭 필요하다.

첫째, 하늘에서 탄생한, 명쾌하고 행복한 신앙 체험으로 가득하고 성령의 임재로 태어났으며 죄를 용서받았다는 분명한 확신을 품은 성도 말이다. 더불어 하나님의 가족으로 입양되었다는 명확한 확신을 부어주는 복음의 고상한 특권을 바라보고 찾고 얻으려는 성도가 오늘날과 같은 현대 교회에서는 절실히 필요하다.

둘째, 죄를 용서하시는 하나님의 은총에 관한, 이에 더하여 충만하게 성령을 받는 것에 관한 이 같은 의식적인 깨달음에 이어서 믿음으로 그 마음을 정결하게 하고자 하는 성도 말이다. 그러면서 사랑 안에서 온전하게 되고자 하는 성도, 내적이든 외적이든 간에 온갖 죄악에 대해 신성한 내적인 권능을 불어넣고자 하는 성도, 담대하게 증인으로 살아가고자 하는 성도, 교회에서나 세상에서나 참된 신앙적인 섬김을 따라 적절하게 살아가고자 하는 성도가 절실히 필요하다.

이 시대의 교회에는 걱정스러울 정도로 널리 퍼진 불가지론이 자리 잡고 있다. 우리 교회 지체들 가운데 상당수는 지금 이와 같은 영적인 불가지론 학교에 들어가 있으며, 정말로 거기에서 자리 잡고 있을 만한 가치가 있다고 생각한다는 사실이 심히 걱정스럽다. 공허한 신앙과 막연한 신앙 체험으로 가득한 사람들에게는 성경 말씀이 어떤 식으로도 격려해주지 못한다. 성경 말씀은 우리를 지식의 세계로 분명히 불러들인다. 성경 말씀은 "내가 안다"는 지식으로 우리의 신앙에 면류관을 씌워준다. 성경 말씀은 우리가 죄와 의심과 내면적인 불안의 어둠을 통과하여 기적 같은 놀라운 빛으로 들어가게 한다. 거기서 우리는 하나님과 우리의 인격적인 관계를 분명히 바라보고 충분히 알게 된다.

희미한 의식에 알려지지 않은 것들
이성의 어렴풋한 광선으로는 보이지 않는 것들도
강력하고 당당한 확신을 갖도록
그 천상의 기원이 밝히 드러나게 된다.

이 주제에 관한 공부를 마무리 지으면서 여기서 우리는 단 두 가지를 언급할 수 있겠다. 첫째, 이와 같은 종류의 성경적인 신앙은 지금까지 설명한 대로 각 영혼을 인격적으로 다루시는 성령의 일하심을 통해 직접 찾아오게 된다. 둘째, 영적인 삶과 신앙적인 체험에 관련된 온갖 임무를 수행하는 성령은 간절하고 구체적이며 설복하는 기도를 통해 확실히 임하신다.

 그러므로 형제들아, 말할 수 없는 탄식으로 우리를 위해 간구하시는 성령의 은혜를 더욱 간절히 구하고 구하여 하나님의 부요함으로 당신의 가난함을 채우기 바란다. 기도는 단지 무익하고 쓸데없는 행위나 단순한 의식이나 형식이 아니라 하나님께 응답을 달라는 요청이자 무언가를 얻기 위한 탄원이며 하나님으로부터 위대한 선을 찾는 믿음이다. 당신의 간절함이 하나님을 움직인다. 그 순간이 기도가 응답되는 바로 그때이다. ■

앤드류 머레이

특별수록

조지 뮬러의
기도 응답의 비밀

이 글은 기도와 성령의 사람 앤드류 머레이가 조지 뮬러의 기도에 담긴 응답의 비결을
아주 객관적으로 서술해 놓은 것이다. 마틴 루터가 친구에게 제대로 기도하는 방법에
관하여 기초적인 지식을 제공한 것과 비교할 때 이 글은 독자들에게 기도 응답에 관한
성숙한 신앙을 온전히 가르쳐줄 수 있는 귀한 자료이기에 특별히 수록하였다.

현재에서는 제대로 이해되지도 실행되지도 않는 참신한 진리를 교회에 가르쳐주고 싶어 하실 때 하나님은 말과 행동을 통하여 그 축복에 대한 살아 있는 증거가 될 수 있도록 한 사람을 세움으로써 대부분 그렇게 하신다. 그러므로 하나님은 19세기에 다른 사람들 사이에서 이 조지 뮐러를 세우셔서 하나님이 실제로 기도를 들으시는 분임을 보여주는 증인으로 삼으셨다. 나는 기도와 관련하여 하나님의 말씀에 담긴 주요한 진리들이 조지 뮐러의 삶을 비롯하여 뮐러가 자신의 기도 체험에 관하여 언급하는 이야기를 간략히 개관하는 것보다 더 효과적으로 설명하고 정립할 수 있는 다른 방법을 알지 못한다.

조지 뮐러는 1805년 9월 25일 프러시아에서 태어났으며 지금 나이는 80세이다(이 짧은 글은 앤드류 머레이가 1886년에 쓴 글이다

– 편집자 주). 심지어 신학생으로서 할레대학교에 들어간 이후에도 초창기 시절에는 지극히 심술궂은 사람이었다. 겨우 스무 살 무렵이던 어느 날 저녁, 친구의 인도로 한 기도회에 참석하여 깊은 감동을 받은 이후로 얼마 지나지 않아 뮬러는 인격적으로 구세주를 알게 되는 축복을 누리게 되었다. 그로부터 오래지 않아 조지 뮬러는 선교사들의 보고서를 읽기 시작하였으며, 얼마 후에는 유대인들에게 기독교를 전파하기 위하여 런던선교학회에 자기 자신을 헌신하게 되었다.

처음에는 학생으로 받아들여지게 되었지만 머지않아 그 학회의 규정에 따라 모든 것을 순복할 수 없다는 사실을 뮬러는 발견하게 되었다. 그 규정은 성령님의 인도하심에 대해 너무나 적은 여지와 자유를 남겨놓았기 때문이다. 그리하여 이러한 연관성은 상호 동의 아래 1830년에 끝나고 말았으며, 그 뒤 뮬러는 테인머스에서 조그만 회중을 돌보는 목회자가 되었다. 1832년에는 브리스톨로 인도를 받았으며 고아원과 다른 사역으로 인도받았던 베데스다 채플의 목회자가 되었다. 그와 관련하여 하나님은 조지 뮬러를 너무나 놀랍게 인도하여 하나님의 말씀을 신뢰하고 하나님이 그 말씀을 어떻게 성취하시는지를 체험하게 하셨다.

조지 뮬러의 영성생활과 관련한 몇 가지 발췌문은 기도에 관한 뮬러의 경험 중에서 우리가 특별히 인용하고 싶은 것들에 대한 길을 열어준다.

"이와 관련하여 주님은 내가 경건생활을 시작하는 바로 그 순간부터 아주 은혜롭게 나에게 영적인 것들에 대한 단순함이라는 척도와 어린아이 같은 성향이라는 기준을 허락해주셨다. 그래서 내가 지나칠 정도로 성경에 무지하여 아직도 시시때때로, 심지어 외적인 죄악으로 넘어지는 동안에도 기도하고 계시는 주님에게 아주 세세한 문제라도 여전히 가지고 나아갈 수 있었다. 그리고 '육체의 연단은 약간의 유익이 있으나 경건은 범사에 유익하니 금생과 내생에 약속이 있느니라'(딤전 4:8)는 사실을 발견하게 되었다. 비록 매우 연약하고 무지하기는 하지만, 그런데도 여전히 하나님의 은혜로 나에게는 지금 다른 사람들에게 유익을 끼치고 싶다는 소망이 어느 정도 자리 잡고 있으며, 한때는 너무나 성실하게 사탄을 섬겼던 사람이 이제는 그리스도를 위하여 영혼을 얻기 위해 분투하고 있다."

조지 뮬러가 하나님의 말씀을 활용하는 법과 그 말씀을 더욱 명확하게 깨닫도록 하나님이 허락하신 선생으로서 성령님을 신뢰하는 법을 깨닫도록 인도함을 받은 것은 테인머스에서였다. 그 당시를 뮬러는 이렇게 기록하고 있다.

"그때 하나님은 오직 하나님의 말씀만이 영적인 문제에서 우리의 판단 기준이라는 사실을 나에게 보여주기 시작하셨다. 또한 그 말씀은 오직 성령님을 통해서만 설명될 수 있으며, 이전 시대뿐만 아니라 우리 시대에도 그건 역시 마찬가지라는 사실을 나에게 보여주셨다. 성령님은 하나님의 백성들을 가르치는 선생이셨다. 그 이전에 나는 이와 같은 성령님의 직분을 경험적으로 이해하지 못했었다.

그것은 특히 이와 같은 후자의 요점을 이해하기 위한 출발점이었으며 나에게 커다란 영향을 끼치게 되었다. 왜냐하면 주님은 내가 각종 주석과 거의 모든 다른 책들을 옆으로 제쳐두고 단순히 하나님의 말씀만을 읽고 공부하게 하심으로써 그것을 경험으로 시험해 볼 수 있게 하셨다.

그 결과는 내가 성경 말씀에 따라 기도하고 묵상하는 일에 나 자신을 드리기 위하여 내 방문을 걸어 잠근 첫째 날 저녁에 단 몇 시간도 지나지 않아서 이전에 여러 달에 걸쳐서 했던 것보다 더 많은 것을 배우게 되었다. 그러나 특별한 차이점은 그렇게 함으로써 나는 내 영혼에 실질적인 힘을 얻었다는 점이다. 이제 내가 배우고 보았던 것들을 성경으로 시험하려 노력하기 시작하였으며 그 시험을 이겨낸 그러한 원리들만이 참된 가치가 있다는 사실을 발견하게 되었다.”

하나님의 말씀에 순종하는 것에 대하여, 세례(침례)받는 것과 관련하여 조지 뮬러는 다음과 같이 기록하고 있다.

"내가 성경에서 무엇을 발견하든지 간에 내 삶을 통해 기꺼이 실행하려는 그와 같은 상태로 내 마음을 변화시킨 것은 물론 하나님의 풍성하신 자비이기는 했지만 하나님을 기쁘시게 하였다. '나는 그분의 뜻대로 행할 것'이라고 말할 수 있었으며, 내가 믿기로 '어느 교리가 하나님께로부터 말미암은 것인지'를 알게 되었던 이유도 바로 그 때문이었다. 그런데 여기서 나는 조금 전에 넌지시 언급했던 단락이 우리의 가장 거룩한 믿음에 대한 수많은 교리와 교훈들에 관하여 나에게 가장 놀라운 언급들이었음을 관찰하게 되었다(요 7:17 참조).

예를 들면 '나는 너희에게 이르노니 악한 자를 대적하지 말라. 누구든지 네 오른편 뺨을 치거든 왼편도 돌려대며 또 너를 고발하여 속옷을 가지고자 하는 자에게 겉옷까지도 가지게 하며 또 누구든지 너로 억지로 오 리를 가게 하거든 그 사람과 십 리를 동행하고 네게 구하는 자에게 주며 네게 꾸고자 하는 자에게 거절하지 말라. 또 네 이웃을 사랑하고 네 원수를 미워하라 하였다는 것을 너희가 들었으나 나는 너희에게 이르노니 너희 원수를 사랑하며 너희를 박해하는 자를 위하여 기도하라'(마 5:39-44). '너희 소유를 팔아 구제하여 낡아지지 아니하는 배낭을 만들라. 곧 하늘에 둔바 다함이 없는 보물이니 거기는 도둑도 가까이하는 일이 없고 좀도 먹는 일이 없느니라'(눅 12:33). '피차 사랑의 빚 외에는 아무에게든지 아무 빚도 지지 말라. 남을 사랑하는 자는 율법을 다 이루었느니라' (롬 13:8)는 말씀들이다.

그러나 '확실히 이러한 구절의 말씀들은 문자 그대로 취할 수는 없지 않겠는가? 왜냐하면 그렇게만 한다면 도대체 어떻게 하나님의 백성들이 세상을 뚫고 들어갈 수 있겠는가?' 라고 말할 수도 있을 것이다. 하지만 '사람이 하나님의 뜻을 행하려 하면 이 교훈이 하나님께로부터 왔는지 내가 스스로 말함인지 알리라' (요 7:17)는 말씀에서 명령하는 마음 상태는 그러한 이의 제기를 사라지게 만든다. 우리 주님의 이러한 명령들을 기꺼이 문자 그대로 실행하려는 사람들은 내기 믿기에 누구든지 나와 마찬가지로 문자 그대로 이 명령들을 받아들이는 게 하나님의 뜻임을 깨닫게 될 것이다.

흔히 이런 식으로 하나님의 명령을 취하는 사람은 틀림없이 여러 가지 어려움에 봉착하게 되는데 그것들은 육신으로 굉장히 견디기 힘든 일이다. 그러나 이러한 상황들은 끊임없이 그 사람이 여기 이 세상에서는 낯선 자이며 순례자이자 이 세상은 본향이 아니라고 느끼게 만든다. 그리하여 하나님에게 더 많은 것을 내던지게 한다. 왜냐하면 바로 그 하나님이 어떤 난관이라도 능히 헤쳐나갈 수 있도록 확실히 도와주실 것이라 믿기 때문이다."

하나님의 말씀에 대한 이와 같은 절대적인 순복은 물질과 관련하여 확실한 관점과 행위로 조지 뮬러를 인도하였으며 그것이 뮬러의 인생에 강력한 영향을 미쳤다. 그것은 우리가 돈에 관해서는 단지 하나님의 청지기일 뿐이며, 그러므로 모든 돈은 하나님과 직접 교제하는 가운데 받고 나눠주어야 한다는 확신 속에 견고히 뿌리를 내리게 했다. 이것은 조지 뮬러가 다음과 같은 4가지 커다란 규칙 안에서 행하도록 인도했다.

첫째, 어떤 고정적인 사례도 받지 말자. 그런 사례를 받으려고 하다 보면 상당히 많은 경우에 하나님을 섬기는 일이 유지되도록 하기 위한 자유로운 헌금에 문제가 생길 수 있다. 그뿐만 아니라 그런 사례를 받으려고 하다 보면 살아계신 하나님 자신을 신뢰하기보다는 인간적인 수입원에 더 많이 의존하게 되는 위험성이 상존하기 때문이다.

둘째, 어떤 인간적인 도움도 요청하지 말자. 아무리 그 필요성이 크다 할지라도 오히려 조지 뮬러는 그분의 종을 돌보며 그 종들의 기도를 듣겠다고 약속하신 하나님께 자신의 부족함을 아뢰었다.

셋째, "네 소유를 팔아 가난한 자들에게 주라"(마 19:21, 막 10:21, 눅 18:22)는 이와 같은 명령을 문자 그대로 받아들이기 위해서는 절대로 돈을 저축하지 않고, 오히려 하나님이 자신에게 맡긴 모든 물질을 그때그때 하나님의 가난한 자들과 하나님 나라의 일에 전부 쓰는 것이 올바른 순종이다.

넷째, 또한 "피차 사랑의 빚 외에는 아무에게든지 아무 빚도 지지 말라. 남을 사랑하는 자는 율법을 다 이루었느니라"(롬 13:8)는 말씀을 문자 그대로 받아들이기 위해서는 절대로 신용카드나 빚을 내어 물건을 사는 대신, 오히려 하나님의 공급하심을 신뢰하자.

이와 같은 생활 방식이 처음에는 그리 녹록지 않았다. 그러나 뮬러는 하나님 안에서 안식하기 위하여 그분 앞으로 나아와 뒷걸음질치고 싶은 유혹을 받을 때마다 하나님과 더욱 친밀한 연합으로 나아가는 영혼이 가장 복되다는 사실을 입증했다. 왜냐하면 죄악 가운데 살아가면서 하나님과 친교를 나누며 현재에 필요한 모든 것을 하늘로부터 가지고 내려오는 것은 그럴 법하지도 않았고 가능하지도 않았기 때문이다.

뮬러는 브리스톨에 정착한 지 얼마 지나지 않아 국내 및 해외를 위한 성경지식연구원(The Scriptural Knowledge Institution)을 설립하여 주중학교, 주일학교, 선교사역, 성경사역 등의 사역을 했다. 이 단체의 사역 가운데에서 조지 뮬러를 가장 널리 알려지게 했던 고아원사역은 그 가지 가운데 하나가 되었다. 뮬러가 여러 학교 가운데 한 곳에서 그리스도께로 인도되었으나 영적인 필요를 전혀 공급받지 못하고 어쩔 수 없이 아동보호소로 보내져야 했던 어떤 고아의 경우로 마음에 커다란 부담을 느낀 것은 1834년이었다. 그리고 고아원사역을 직접하고 있던 프랑케(Franke)를 만난 직후에 뮬러는 이렇게 기록했다(1835년 11월 20일).

"오늘 나는 이제 더 이상 고아원을 세워야겠다는 마음만 품지 않고 일단 그 일을 착수해야겠다는 다짐을 하게 되었다. 하나님의 마음을 분별하기 위하여 그런 생각을 존중하면서 상당히 많은 기도를 쌓아오고 있었다. 하나님이여, 당신의 뜻을 밝히 드러내소서."

다시 한번 25일 자 일기에서는 이렇게 기록하고 있다.

"나는 어제와 오늘에 걸쳐 고아원에 관하여 다시금 상당히 많이 기도했다. 그러면서 점점 더 그게 하나님의 뜻이라는 확신을 품게 되었다. 하나님이여, 자비를 베푸셔서 저를 인도하여 주소서. 거기에는 다음과 같은 3가지 주요한 이유가 있다. 첫째, 하나님이 영광 받으실 것이라는 점, 나에게 그러한 수단들을 제공하시면서 하나님께서 기뻐하심이 틀림없는 것, 하나님을 신뢰하는 것은 쓸데없는 짓이 아니라는 사실이 분명히 드러나게 된 점, 그리하여 하나님 자녀들의 믿음도 역시 강해질 수 있다는 점. 둘째, 아버지와 어머니가 없는 자녀들의 영적 전쟁을 위하여. 셋째, 그 아이들의 일시적인 전쟁을 위하여."

하나님을 기다리면서 몇 달 동안 기도한 뒤 35명의 아이를 위한 공간을 갖춘 집 한 채를 임대하였다. 그 후 석 달이라는 시간이 더

흐르는 과정에서 전부 120명의 아이를 받아들이게 되었다. 그 사역은 10년 동안 이런 식으로 계속 진행되었으며, 오직 하나님께만 고아들에게 필요한 모든 것을 공급해 달라고 요청했다. 그것은 종종 절박한 필요와 간절한 기도의 시간이기도 했지만 금보다 더 귀한 믿음의 시험은 하나님을 찬양하고 그분께 모든 영광을 돌리도록 하였다. 하나님은 이런 뮬러를 위해 더 큰 일을 준비하고 계셨다.

하나님의 섭리와 성령으로 말미암아 조지 뮬러는 하나님으로부터 300명의 아이를 받아들일 수 있는 집을 구하는 데 필요한 1만 5천 파운드를 확실하게 약속받을 때까지 하나님을 바라면서 기다리도록 인도하심을 받았다. 이 첫 번째 집을 1849년에 열었다. 1858년에는 950명 이상의 고아를 위하여 3만 5천 파운드의 비용을 들여서 두 번째, 세 번째 집을 열었다. 그리고 1869년과 1870년에는 850명의 고아를 위하여 네 번째와 다섯 번째 집을 열었는데 이번에는 5만 파운드의 비용이 들었다. 그리하여 총 2,100명의 고아를 받아들일 수 있게 되었다.

이 사역과 더불어 하나님은 조지 뮬러에게 고아원 건축, 고아들을 돌보는 일, 또 다른 사역, 각종 학교와 선교단체 후원, 성경과 전도용 소책자 발행과 배포와 같은 아주 많은 일을 주셨다. 이 모든 일을 통하여 조지 뮬러는 50년 동안 하나님의 일을 할 수 있도록 하나님으로부터 영국 돈으로 1백만 파운드 이상을 받았다. 조지 뮬러가 하나님의 말씀과 성령의 인도하심에 순종하여 1년에 겨우 35파운드라는 조그만 사례비를 포기했을 때 하나님이 그런 순종과 믿음에 대한 보상으로 뮬러에게 허락하기 위하여 준비해 놓으셨던 것을 주의 깊게 주목해보라. 아마 뮬러는 꿈에도 상상하지 못한 선물들이었을 것이다. 이 얼마나 놀랍도록 하나님의 말씀이 조지 뮬러에게 성취되었단 말인가! "그 주인이 이르되 잘하였도다. 착하고 충성된 종아 네가 적은 일에 충성하였으매 내가 많은 것을 네게 맡기리니 네 주인의 즐거움에 참여할지어다"(마 25:23).

그런데 이러한 일들은 우리에게 본보기를 보여주기 위하여 일어났다. 하나님은 우리도 역시 조지 뮬러의 본보기를 따르는 자들이 되라고 부르고 계신다. 비록 조지 뮬러는 그리스도의 본보기를 따랐을지라도 말이다. 뮬러의 하나님은 역시 우리의 하나님이기도 하며, 그와 동일한 약속은 우리에게도 역시 허락하신 것이다. 조지 뮬러가 수고한 그와 같은 사랑과 믿음의 섬김은 모든 측면에서도 우리를 위한 부르심이기도 하다.

그리스도의 기도학교에서 우리가 배운 교훈들과 관련하여 하나님이 기도의 사람인 조지 뮬러에게 그토록 놀라운 능력을 베푸신 방식을 한 번 찬찬히 공부해보라. 우리가 하나님의 말씀 안에서 복되신 주님과 함께 지금까지 쭉 공부해 온 몇몇 교훈들의 가장 놀랍고 자세한 설명이 그 안에 들어 있음을 발견하게 될 것이다.

우리는 우리를 향하신 주님의 가장 큰 교훈에 특별한 인상을 받게 되는데 만약 우리가 하나님의 뜻을 따라서, 하나님의 말씀을 통하여, 성령으로 말미암아 우리에게 알려주신 대로 명확한 기도 제목을 가지고 하나님이 지시하시는 방식으로 그분께 나아간다면 우리는 무엇이든지 구하는 대로 이루어질 것이라는 매우 커다란 확신을 가질 수 있을 것이다.

영원한 하나님의 말씀을 의지하라

하나님이 우리의 기도에 응답하시는 것은 우리가 하나님의 음성을 얼마나 경청하느냐에 따라 달려 있다는 사실을 지금까지 여러 차례 주목해 왔다. 우리는 특별한 기도 제목을 가지고 간구하러 나아갈 때 특별한 약속의 말씀을 붙잡아야 한다. 그뿐만 아니라 우리의 모든 삶이 그 말씀의 주권 아래 머물러 있어야 한다. 그 말씀이 우리 안에 내주해 있어야 한다. 바로 이 점에 관한 조지 뮬러의 간증은 매우 교훈적이다. 조지 뮬러는 하나님의 말씀과 그에 관한 성령의 가르침이 차지해야 할 진정한 자리를 발견함으로써 영성생활에서 어떻게 새로운 시대를 시작하게 되었는지를 우리에게 말해준다. 그에 관하여 조지 뮬러는 이렇게 기록하고 있다.

"이제 성경적인 방식의 추론은 이런 식으로 전개되어야 한다. 하나님 자신이 창시자가 되기 위하여 이 땅에 내려오셨으며, 성령이 그분의 종들을 도구로 사용하여 기록할 수밖에 없었던 그 소중한 책에 대하여 나는 무지하지만 거기에는 내가 알아야 하는 것과 나를 참된 행복으로 인도하는 지식이 포함되어 있다. 그러므로 나는 이처럼 가장 소중한 책을, 이 책 중의 책을, 아주 간절한 마음으로, 기도하는 마음으로 깊이 묵상하면서 읽고 또 읽어야 한다. 그리고 이와 같은 훈련을 통하여 내 삶을 온종일 꾸려가야 한다. 왜냐하면 그 책을 단지 조금밖에 읽지 않았기에 그 책에 관하여 거의 아무것도 모른다는 사실을 깨달았기 때문이다. 그러나 그 책을 더 많이 공부하기 위하여 하나님의 말씀에 관한 무지로 말미암아 인도함을 받아서 이런 식으로 반응하는 대신에, 내가 성경을 이해하면서 겪는 어려움과 그 책에서 별다른 기쁨을 누리지 못하는 것은 내가 성경책을 읽는 일에도 그다지 많은 주의를 기울이지 못하게 만들었다. 왜냐하면 굉장히 많이 기도하는 마음으로 하나님의 말씀을 읽는 것은 단지 더 다양한 지식을 제공할 뿐만 아니라 그 책을 읽으면서 얻는 기쁨을 키워주기 때문이다.

그러므로 다른 많은 성도와 마찬가지로 나는 실제로 경건생활을 시작한 지 처음 4년 동안에는 살아계신 하나님의 여러 가지 신탁에 영감받지 않은 사람들의 작품을 더 좋아했다. 그와 같은 실패는 지식과 은혜 두 영역 모두에서 나를 어린아이로 남아 있게 하였다. 이를테면 지식에서도 모든 참된 지식에 관하여 성령님을 통해 하나님의 말씀에서 유래를 찾아야 했다. 그런데 내가 그 말씀을 무시했을 때 거의 4년 동안 굉장히 무식해져서, 심지어 우리의 거룩한 믿음에 관한 아주 기본적인 요점들조차도 분명히 파악할 수 없었다."

"그런데 가장 슬픈 일은 이와 같은 지식의 부족은 꾸준히 하나님의 길을 걸어가지 못하도록 뒤처지게 만들었다는 사실이다. 왜냐하면 내가 1829년 8월에 사실상 성경으로 다시 돌아오자 주님은 매우 기뻐하셨으며, 그로 말미암아 내 삶과 품행이 굉장히 달라졌다. 또한 비록 그때 이후로 내가 마땅히 서 있어야 하는 모습에는 상당히 많이 못 미치기는 했지만 하나님의 은혜로 나는 이전보다 훨씬 더 많이 하나님과 가까운 곳에서 살아갈 수 있게 되었다. 만약 어떤 성도들이 실제로 거룩한 성경책보다 다른 책들을 더 좋아하며 하나님의 말씀보다 훨씬 더 많이 사람들의 작품을 읽는다면 그 사람들은 나의 실패를 통해 경고를 받을 수 있을지도 모르겠다."

"이 주제를 떠나기 전에 나는 한마디를 덧붙이고 싶다. 만약 어떤 독자가 하나님의 말씀에 대해 아주 조금밖에 이해하지 못하는 경우라면 그 사람은 성경책을 상당히 많이 읽어야 할 것이다. 왜냐하면 성령님이 말씀으로 말씀을 설명하실 것이기 때문이다.

그런데 만약 그 사람이 조금씩 성경 말씀을 읽는 것을 즐거워한다면 성경을 자주 읽으면서 그로 말미암아 기쁨을 찾을 수 있기에 그는 점점 더 많이 성경을 읽고 싶어 하게 될 것이다. 다른 무엇보다 그 사람은 오직 하나님만이 성령을 통하여 자신을 가르칠 수 있다는 사실을 자기 자신의 마음속에서 확정하려고 애써야 하며, 그러므로 하나님께 축복을 달라고 기도할 때 그 사람은 성경을 읽기 전부터, 또한 성경을 읽는 동안에도 하나님의 축복을 구하게 될 것이다."

"더구나 비록 성령님이 가장 좋고 충분한 선생님이기는 하지만, 그런데도 이 선생님은 언제나 우리가 원할 때마다 즉각적으로 가르쳐주지는 않으신다는 사실을 자기 마음속으로 확정해야 했을 것이다. 그러므로 우리는 어떤 특정한 단락에 대하여 자꾸만 반복해서 그분께 여쭈어봐야 할 수도 있다. 그래야 성령님은 우리에게 명확하게 가르쳐주실 것이다. 만약 우리가 정말로 기도하는 마음으로, 참을성 있게, 하나님의 영광을 바라보면서 빛을 찾기만 한다면 말이다."

우리는 조지 뮬러가 일기를 통해 자신의 영성생활을 살찌우기 위하여 하나님의 말씀을 붙들고 기도하느라 두세 시간씩 보내게 되었다는 언급을 자주 발견하게 된다. 이와 같은 기도생활의 열매로써 뮬러는 기도 가운데 힘과 격려가 필요할 때는 하나님 아버지의 살아 있는 음성으로 들었던 살아 있는 말씀들을 들었으며, 이제 그로 말미암아 뮬러는 살아 있는 신앙을 가지고 하나님 아버지께로 나아올 수 있게 되었다.

오롯이 하나님의 뜻을 분별하라

어린 성도들이 겪는 가장 큰 어려움 가운데 하나는 자신이 원하는 게 하나님의 뜻에 따른 것인지 아닌지를 도대체 어떻게 알 수 있는가 하는 것이다. 나는 그것이 하나님이 조지 뮬러의 경험을 통하여 가르치시기 원하는 가장 소중한 교훈들 가운데 하나라고 생각한다. 하나님이 말씀에서 직접 언급하시지 않은 것 중에서 기꺼이 우리에게 알려주시길 원하는 교훈이라고 생각한다. 그것이 바로 우리를 향한 하나님의 뜻이며 우리가 얼마든지 구할 수 있는 것이다.

성령의 가르침은 말씀을 배제하거나 상충되지 않으며 오히려 그 말씀을 뛰어넘어 초월하는 것이다. 그리고 그 말씀에 더하는 것이며, 그것이 없이는 우리가 하나님의 뜻을 알 수 없기에 모든 성도가 물려받아야 할 유산이다. 성령이 우리의 특별한 필요에 일반적인 원칙이나 약속들을 적용함으로써 가르치시는 것은 오직 말씀을 통해서이다. 실제로 우리가 가는 길에 말씀을 빛으로 만들 수 있는 분은 오직 성령뿐이시다. 그것이 우리가 일상에서 의무적으로 걸어가야 하는 길이든 아니면 믿음으로 하나님께 가까이 나아가야 하는 길이든 상관없이 말이다. 그러므로 우리는 그분의 종에게 너무나 확실하고 명확하게 알려주시는 하나님의 뜻을 발견하기 위하여 어린아이 같은 단순함과 온순함으로 나아가야 한다.

하나님의 뜻이라는 확신 속에서 첫 번째 고아원을 건축하는 것과 관련하여 조지 뮬러는 1850년 5월, 그 고아원이 문을 연 직후에 그때까지 겪었던 여러 가지 큰 어려움에 관하여 이야기했다. 하지만 그런 어려움이 자연스럽게 사라진 상태에서는 그 어려움이 얼마나 자그맣게 보일 수밖에 없었는지를 찬찬히 기록하고 있다.

"그러나 내 앞에 있는 가능성이 나를 압도하는 동안 나는 그것을 아주 자연스럽게 바라보았으며 그것이 어떻게 귀결될 것인지에 관하여 단 한 번도 의문을 품지 않았다. 왜냐하면 나는 그 출발점에서부터 하나님을 위하여 이처럼 거대한 고아원을 건축하는 일로 나아가야 하는 것이 하나님의 뜻이라고 확신했기 때문이다. 나는 그 시작에서부터 마치 고아원이 벌써 아이들로 가득 채워진 것처럼 전체 과정을 순조롭게 마칠 수 있을 것이라 확신했다."

무엇이 하나님의 뜻이었는지를 발견하는 조지 뮬러의 방법은 특히 두 번째 고아원을 건축하는 과정에 대한 그의 언급에서 아주 명확하게 드러나 있다. 나는 독자들에게 이 이야기가 전해주는 교훈을 주의 깊게 공부하도록 요청하는 바이다.

"1850년 12월 5일. 이러한 상황들 아래서 나는 다정다감하게 자비를 베푸시는 주님께 나를 통하여 사탄이 유익을 얻는 일이 없도록 간절히 기도할 수밖에 없었다. 하나님의 은혜로 내 마음은 이렇게 말하고 있었다. '주님, 이 문제에서 제가 전진하는 게 주님의 뜻이라는 사실을 확실할 수만 있다면 저는 기쁜 마음으로 그렇게 할 수 있습니다. 그런데 다른 한편으로 만약 이것들이 헛되고 어리석고 교만한 생각이라면 그것들이 당신한테서 온 게 아니라 사탄의 유익을 위하는 일이라면 저는 당신의 은혜로 그것들을 싫어하면서 완전히 그만둘 것입니다.'"

"내 소망은 하나님 안에 있다. 하나님이 나를 도와주시고 가르쳐주실 것이다. 그러나 하나님이 이전에 나를 다루셨던 것들로 판단해 보았을 때 만약 하나님이 여전히 이런 식으로 훨씬 더 많이 수고하도록 나를 부르셨다면 그건 나에게 전혀 이상한 일이 아니다."

"고아원 사역을 더욱 확장하려는 생각은 최근에 재정 후원이 많이 들어왔다고 해서 품은 생각이 아니다. 왜냐하면 나는 최근에

약 7주 동안이나 하나님을 기다리고 있었기 때문이다. 그동안 조금씩, 상대적으로 아주 조금씩, 곧 이전에 들어왔던 것보다 4배 정도나 더 많은 지출이 생겨나고 있었기 때문이다. 주님이 이전에 나에게 많은 돈을 보내주시지 않았더라면 우리는 정말 커다란 곤란에 빠질 수밖에 없었을 것이다."

"주님! 이 문제에서 당신의 종이 어떻게 당신의 뜻을 알 수 있을까요? 당신은 저와 같은 종을 가르치기를 기뻐하지 않으십니까? 저에게 가르쳐주소서!"

"12월 11일. 마지막 6일 동안 앞에서 언급한 이후로 나는 줄곧 날마다 이 문제에 관하여 하나님을 기다리고 있었다. 그것은 일반적으로 온종일 내 마음속에 어느 정도 자리 잡고 있었다. 밤에 깨어 있을 때도 그건 결코 내 생각에서 멀어지지 않았다. 그러나 이 모든 일에 별다른 흥분도 찾아오지 않았다. 나는 그 문제에 관하여 이상할 정도로 고요하고 차분한 상태를 유지할 수 있었다. 내 영혼은 이와 같은 섬김에서 전진하고 있다는 사실을 기뻐하고 있었다. 그러면서 주님이 나에게 그렇게 하게 하셨다는 확신을 가질 수 있었다. 그래서 이때 수 없는 어려움에도 불구하고 모든 일이 잘될 것이며 하나님의 이름이 찬양을 받으실 것이라 믿게 되었다."

"다른 한편으로 주님은 현재 활동 범위에 대해 내가 만족하게 하실 것이며 내가 그 일을 더욱 확장시키는 것과 관련하여 기도해서는 안 된다고 확신하고 있었다. 그런데 하나님의 은혜로 별다른 노력 없이도 거기에 기쁜 마음으로 순복할 수 있었다. 주님이 나를 그와 같은 마음 상태로 인도하셔서 나는 이 문제에 관하여 오직 그분만을 기쁘게 하기를 소망하고 있다. 더욱이 지금까지 나는 이 일에 관하여, 심지어 사랑하는 아내에게까지도 아무런 언급이나 내색조차 하지 않았다. 또한 앞으로 한동안 그렇게 할 수 있을 것 같다. 왜냐하면 나는 이 주제에 관하여 아무런 대화도 나누지 않았고 오직 주님만을 잠잠히 기다리는 것을 더 좋아하기 때문이다. 이런 식으로 하나님의 은혜로 말미암아 외부의 일들로부터 영향을 받지 않고 훨씬 더 쉽게 자신을 지킬 수 있게 하려고 말이다. 이 문제에 관하여 내가 기도하면서 느끼는 부담은 주님이 내가 아무런 실수도 저지르지 않도록 해달라는 것이었다. 주님이 그분의 뜻대로 행할 수 있도록 나를 가르쳐 달라는 것이었다."

"12월 26일. 내가 이전 단락을 기록한 지도 벌써 15일이라는 시간이 지났다. 그때 이후로 날마다 나는 이 문제에 관하여 계속해서 기도했다. 하나님의 도우심으로 간절한 마음이라는 멋진 수단을 활용하여 그렇게 했다. 이렇게 깨어 있는 날 동안에는 이 문제가 내 앞에 조금이라도 얼쩡거리지 않았던 시간은 거의 없었다. 그러나 조그만 흥분의 그림자도 전혀 없었다. 나는 그에 관하여 누구와도 대화를 나누지 않는다. 지금까지 나는 사랑하는 아내와도 그런 대화를 나눈 적이 한 번도 없다. 이를 위하여 나는 가만히 삼가고 있을 뿐이며 그 문제에 대하여 오직 하나님만이 다루실 수 있다고 생각하고 있다. 어떤 외부의 영향력도 하나님이 그분의 뜻을 나에게 명확하게 보여주실 것이라는 확신을 흔들지 못한다."

"오늘 저녁 나는 특별히 하나님의 뜻을 알기 위한 중대한 시기를 맞이하고 있다. 그러나 내가 이 사업에 현혹되지 않도록 해달라고 주님께 계속해서 간구하며 부르짖는 동안 그 문제가 어떻게 진행될 것인지에 관하여 내 마음속에 어떤 의심도 들지 않았다. 나는 오직 이 문제를 계속해서 밀고 나가야 한다는 생각밖에 다른 어떤 생각도 떠오르지 않았다. 이것이 하나님의 뜻이라면 하나님의 은혜로 몇 년이라도 기다릴 수 있을 것이다. 다른 한편으론 주님이 그렇게 하라고 명령하신다면 당장 내일이라도 그 일에 착수할 수 있을 것이다."

"이와 같은 마음의 고요함, 이처럼 그 문제에서 나 자신의 뜻을 전혀 품지 않는 것, 이렇게 그 문제에서 오직 하늘에 계신 아버지만을 기쁘게 하기를 원하는 것, 거기에서 내 명예가 아니라 오직 하나님의 영광만을 구하는 것, 이와 같은 심령의 상태는 내가 분명히 말하건대 내 마음이 어떤 육신적인 흥분 상태 아래 있지 않으며 오직 내가 이런 식으로 계속해서 나아갈 수 있도록 도와준다. 그렇다면 이것은 하나님의 뜻을 온전히 깨달을 수 있는 가장 완전한 확신이다."

"나는 겨우 3백 명의 고아에게 성경의 교훈을 전하는 대신 천 명의 고아들에게 그렇게 할 수 있기를 원한다. 하나님은 여전히 우리의 기도를 들어주시며 그 기도에 응답하시는 분임을, 그리고 지금까지 계속 그래 왔으며 앞으로도 쭉 그러실 것처럼 하나님은 지금도 살아계신 하나님임을 훨씬 더 풍성하게 드러낼 수 있기를 바란다. 이 마지막 고려사항은 내 마음속에서 가장 중요한 요점이다. 주님의 명예는 이 전체 문제에서 나에게 아주 중대한 요점이다. 그리고 단지 사정이 이러하다는 이유만으로, 만약 주님이 이 일을 전혀 진전시키지 않으심으로써 훨씬 더 많은 영광을 받으실 수 있다면 나는 그분의 은혜로 또 다른 고아원과 관련한 모든 생각을 포기하더라도 전적으로 만족할 것이다. 나는 하나님의 도우심으로 이 일에 관하여 기도하는 가운데 날마다 계속해서 하나님을 기다리는 데 더 많이 집중할 것이다. 하나님이 나에게 행동하도록 감동을 주실 때까지 말이다."

"1851년 1월 2일. 일주일 전 나는 앞선 단락을 썼다. 이 주간 동안 나는 여전히 또 다른 고아원에 대한 주님의 인도하심을 구하기 위하여 날마다, 그리고 매일 한 번 이상씩 도움을 받고 있었다. 내 기도의 부담은 여전히 주님의 커다란 자비 가운데 주님이 내가 실수를 저지르지 않도록 지켜달라는 것이었다. 지난 주간 잠언 말씀을 계속 읽는 중에 다음과 같은 말씀으로 이 주제에 관하여 내 마음을 시원하게 해주셨다. '너는 마음을 다하여 여호와를 신뢰하고 네 명철을 의지하지 말라. 너는 범사에 그를 인정하라. 그리하면 네 길을 지도하시리라. 스스로 지혜롭게 여기지 말지어다. 여호와를 경외하며 악을 떠날지어다'(잠 3:5-7). 하나님의 은혜로 나는 범사에, 특히 이 일에서 주님을 인정하고 있다. 그러므로 나는 주님이 이런 부분의 섬김에 관하여 내 길을 지도하실 것이라 확신하고 있다. 내가 거기에 완전히 빠져 들든지 아니든지 상관없이 말이다. 더구나 '정직한 자의 성실은 자기를 인도'(잠 11:3)하는 것처럼 하나님의 은혜로 나는 이 일에서 올바른 길로 나아가고 있다. 내 정직한 목적은 하나님이 영광을 받으시는 것이다. 그러므로 나는 올바른 길로 인도받기를 기대하고 있다. 더 나아가 '너의 행사를 여호와께 맡기라. 그리하면 네가 경영하는 것이 이루어지리라'(잠 16:3). 나는 주님께 내 모든 행사를 맡기고 있으며, 그러므로 내가 경영하는 모든 것이 이루어지기를 기대하고 있다. 내 마음은 주님이 고아원 사역보다 훨씬 더 많은 일에서 나를 사용하기 원하신다는 확신으로 나아가고 있다. 주님, 여기 당신의 종이 있나이다. 나를 쓰시옵소서!"

나중에 두 군데나 더 추가한 고아원, 곧 네 번째와 다섯 번째 고아원을 짓기로 했을 때 조지 뮬러는 다시금 이렇게 기록하고 있다.

"그 마지막 단락을 기록한 이후로 훌쩍 12일이나 지났다. 지금까지 나는 여전히 고아원 사역을 확장하는 것과 관련하여 날마다 주님을 바라며 기다릴 수 있었다. 또한 나는 이 전체 동안 완벽한 평안 가운데 거하고 있었는데 그것은 이 일을 통하여 오직 주님의 명예와 동료 직원들의 영적인 유익만을 구하려고 애쓴 결과이다. 그러므로 별다른 노력 없이도 하나님의 은혜로 이 전체 일에 관한 모든 생각을 얼마든지 옆으로 제쳐둘 수 있었다. 만약 그렇게 하는 것이 하나님의 뜻이라고 확신할 수만 있다면 말이다."

"나는 여전히 이 문제를 전적으로 나 자신에게만 제한하고 있다. 비록 이제 그때 이후로 7주가 지나긴 했지만 내 마음은 날마다 그 문제를 곰곰이 생각하고 있다. 그런데 날마다 정기적으로 그 문제에 관하여 기도만 해오고 있기에 단 한 사람도 그에 관하여 알고 있지 못하다. 그러니까 심지어 사랑하는 아내에게까지 한 마디도 언급하지 않았으며 잠잠히 오직 하나님만을 바라고 있다. 이 과정에서 그 주제에 관하여 다른 사람들이 말하는 것들에 아무런 영향을 받지 않게 하려고 말이다."

"오늘 저녁은 특별히 기도하기 위하여 따로 시간을 떼어놓고 내가 이 일에서 실수하지 않도록, 더 나아가 사탄에게 현혹당하지 않도록 주님께 간구하고 있다. 그와 동시에 나도 역시 내 마음속에 떠오르는 또 다른 고아원 건축을 반대할 만한 모든 이유와 고아원 건축을 찬성할 만한 모든 이유를 찾아보려고 노력하였다. 그리고 지금 더 명확하고 분명하게 하려고 이렇게 그 이유를 찬찬히 적어 내려가고 있다."

"그러나 이전에는 9가지나 되는 많은 이유가 나를 짓누르고 있었지만 그게 단 하나도 없는 것처럼 나에게 아무런 영향도 미치지 못할 것이다. 그건 바로 이런 이유 때문이다. 몇 달 동안 그 문제를 곰곰이 생각해보고 그와 관련된 모든 사항과 온갖 어려움을 세밀히 살펴본 후로, 수많은 기도를 올려드린 뒤에 마침내 평강 가운데 이와 같은 확장을 결정하기로 인도하심을 받았기 때문이다. 끊임없이 자꾸 조르는 아이는 하늘에 계신 하나님 아버지께서 어디에 현혹되거나, 심지어 실수를 저지르도록 가만히 내버려 두지 않기 때문에 평안 가운데 거하면서 이와 같은 결정에 대하여 완벽하게 평화를 누리게 된다. 그러므로 이 결정은 순조롭게 진행될 수밖에 없으며 하나님을 신뢰하기 때문에 그 사람은 결코 좌절하지 않을 것이다. 그 사람에게도 역시 수많은 엄청난 어려움이 닥칠 수 있겠지만 완전한 응답을 얻기 전에 이미 헤아릴 수 없을 정도의 기도가 하나님께 올라가 있을지도 모르는 일이다. 상당히 많은 믿음과 인내의 훈련이 요구될 수도 있지만 결국에는 다시금 응답을 볼 수 있을 것이기에 하나님을 신뢰하는 그분의 종은 결코 실망하지 않을 것이다."

오직 하나님의 영광을 구하라

나는 지금까지 하나님의 뜻에 따르지 않은 채로 기도함으로써 우리가 구하는 것을 응답받지 못하는 이유를 외부에서 찾으려고 애써 왔다. 하지만 성경은 우리 자신에게서 그 원인을 먼저 찾으라고 경고하고 있다. 이를테면 우리는 올바른 상태에 있지도, 올바른 영으로 구하지도 않고 있다는 것이다. 그 일이 하나님의 뜻과 완전히 일치할 수도 있지만 간구하는 자세와 간구하는 자의 영은 그렇지 않을 수도 있다. 그러므로 우리는 응답을 받지 못하게 된다.

모든 죄악의 거대한 뿌리는 자아이자 자기를 추구하는 자세이기에, 심지어 더 많은 영적인 갈망 속에서도 이것만큼 하나님의 응답을 너무나 효과적으로 가로막는 것은 아무것도 없다. 곧 우리가 자기 자신의 쾌락이나 영광을 위하여 기도하는 것이다. 능력과 설득력 있는 기도는 하나님의 영광을 위하여 간구해야 하며 그 사람이 하나님의 영광을 위하여 살아갈 때라야 비로소 그렇게 할 수 있다.

우리는 기도의 여정을 시작하는 순간부터 하나님께 영광을 돌리기 위하여 신중하고 체계적으로 그 사람을 인도하시는 성령님에 관한 놀라운 역사를 조지 뮬러에게서 목격하게 된다. 우리는 다음의 기록을 통해 조지 뮬러가 뭐라고 말하는지를 심사숙고하여 하나님이 우리에게 가르치기 원하시는 교훈을 배워야 한다.

"우리 시대에 하나님의 자녀들에게 특별히 필요한 것 중 하나가 그 사람의 믿음을 강하게 만드는 것임을 입증하는 사례들이 나에게 꾸준히 제시됐다. 그러므로 나는 우리 하나님 아버지께서 지금까지 그래왔던 것과 같이 신실하신 하나님이시며 이전만큼이나 지금도 역시 그분을 신뢰하는 모든 사람에게 아주 기꺼이 살아계신 하나님으로서 그분 자신을 충분히 입증하신다고 확신한다."

"내 영은 그 사람들의 믿음을 강화시키기 위한 도구로 사용되기를 갈망한다. 그분을 의지하는 모든 사람을 도와주기 위하여 그분 자신의 기꺼운 마음과 능력에 관해 하나님의 말씀으로부터 나오는 여러 가지 증거들을 그 사람들에게 제시할 뿐만 아니라 그분이 우리 시대에도 역시 동일하신 분이라는 여러 가지 증거들을 보여줌으로써 그렇게 하기를 원한다. 나는 하나님의 말씀만으로도 당연히 충분하다는 사실을 잘 알고 있으며 나에게도 은혜로 말미암아 그것은 충분했다는 사실을 잘 알고 있다. 그러나 여전히 우리 형제자매들의 돕는 손길을 빌려야 한다고 생각했다."

"그러므로 나는 그리스도의 교회에 종으로 매인 몸이라고 생각하였으며, 특히 그로 말미암아 자비, 다시 말해 그분의 말씀을 통하여 하나님을 만날 수 있으며 그 말씀을 의지할 수 있다는 점에서 더욱 그렇다. 이 일의 첫 번째 목적은 이전뿐만 아니라 지금도 역시 다음과 같다. 곧 내가 돌보고 있는 고아들이 자신들에게 필요한 모든 것을 다른 어느 사람에게도 요청하지 않은 채로 오직 기도와 믿음을 통하여 공급받고 있다는 사실로 말미암아 하나님께서 영광 받으실 수 있도록 하는 것이다. 이를 통하여 하나님은 여전히 신실하신 분이며 여전히 우리의 기도를 듣고 계시는 분임을 드러낼 수 있을 것이다."

"나는 다시금 이 마지막 며칠 동안 고아원에 관하여 상당히 많이 기도하였으며 자주 내 마음을 주의 깊게 살펴보았다. 그러면서 만약 고아원을 세우는 일에 나 자신을 만족시키려는 소망이 추호라도 자리 잡고 있다면 내가 그것을 발견할 수 있도록 해달라고 기도하였다. 왜냐하면 내가 오직 주님의 영광만을 바랄 때 만약 그 문제가 하나님께 속한 게 아니라면 나는 우리 형제들을 사용하셔서 내게 가르침을 주시는 하나님을 기뻐할 것이다."

"1835년에 드디어 고아원 사역을 시작했을 때 내가 가진 주요한 목적은 단순히 기도와 믿음이라는 도구를 통하여 성취할 수 있는 것들에 관한 실제적인 본보기를 제시함으로써 하나님의 영광을 드러내는 것이었다. 또한 그것은 이 일을 통하여 지금도 여전히 살아계신 하나님이라는 사실을 보여줌으로써 교회에 유익을 줄 뿐만 아니라 아무런 관심도 없는 세상에 하나님의 일에 관한 실상을 알도록 인도하기 위한 것이었다. 내 목표는 하나님으로부터 넉넉하게 존중을 받았다. 수많은 죄인이 회심하기에 이르렀으며 내가 예상했던 것과 마찬가지로 전 세계 곳곳에 있는 수많은 하나님의 자녀들이 이 일을 통하여 상당히 많은 혜택을 누리게 되었다. 그러나 이 일이 점점 더 크게 확장됨에 따라 그 축복도 점점 더 커지게 되었으며 내가 찾아다녔던 바로 그 방식으로 그 축복이 베풀어졌다. 수많은 사람이 그 일에 주의를 기울이게 되었으며 수많은 사람이 그 사역을 직접 목격하려고 찾아오게 되었다."

"이 모든 것은 하나님께 더욱 커다란 영광을 돌리기 위하여 이런 식으로 점점 더 수고하고 싶은 마음을 품도록 나를 인도하고 있다. 언제든지 주님을 바라보고 찬미하고 탄복하고 신뢰하고 의지할 수 있다는 사실이 바로 이 섬김의 사역에서, 그리고 특별히 이처럼 의도적인 사역 확장에서 내가 목표하는 바이다. 어떻게 몹시 가난한 사람이라도 단지 하나님을 신뢰함으로써 기도를 시작할 수 있는지 보여줄 수 있다는 사실은, 그리고 이를 통하여 다른 하나님의 자녀들이 하나님을 의뢰하는 가운데 계속해서 하나님의 일을 하도록 인도받을 수 있다는 사실은, 그리고 하나님의 자녀들이 각자 자기 자신의 개인적인 위치와 환경에서 하나님을 점점 더 많이 신뢰하도록 인도받을 수 있다는 사실은 내가 이처럼 더 많은 사역 확장으로 인도받게 했다."

변함없이 하나님만을 신뢰하라

조지 뮐러의 이야기에서 발견할 수 있는 것들에 관하여 내가 지적하고 싶은 몇 가지 다른 요점들이 있기는 하지만, 한 가지만 더 이야기하는 것으로도 충분하리라 확신한다. 그건 바로 끈질긴 기도의 비밀로써 하나님의 약속에 관한 확고하고도 흔들리지 않는 신뢰라는 교훈이다. 만약 우리가 하나님의 약속을 굳게 붙잡고서 하나님 아버지께서 우리의 기도를 들으신다고 믿는다면 우리는 조금이라도 지체하거나 믿음이 흔들리도록 가만히 내버려 두어서는 안 된다.

"일상적인 기도에 대한 완전한 응답은 그게 완전히 실현되는 것과는 상당히 거리가 있지만, 기도를 계속할 수 있도록 우리 주님이 허락하시는 풍성한 격려가 있었다. 그러나 앞으로 받을 것보다는 이미 임한 것들이 훨씬 더 적다고 한번 가정해보라. 성경적인 근거 위에서 이미 결론에 도달한 이후에, 그리고 상당히 많은 기도와 자기 성찰의 시간을 보낸 이후에 나는 이 목적에 관하여 믿음과 인내를 훈련하는 데서 아무런 흔들림 없이 계속해 나가야 한다. 그러므로 일단 기도 가운데 하나님 앞으로 가져온 어떤 것이 하나님의 뜻에 따른 것이라는 사실에 만족하는 모든 하나님의 자녀는 그 축복을 받을 때까지 믿음과 기대와 끈기의 기도를 계속해야 한다."

"그러니까 나는 단 하루도 쉬지 않고 지난 10년 6개월 동안 날마다 하나님을 추구했던 바로 그 특정한 축복들을 지금도 가만히 기다리고 있다. 아직도 어떤 개인들의 회심에 관해서는 충분한 응답이 이루어지지 않았다. 비록 그 사이에 지금까지 수천 가지 기도 응답을 받기는 했지만 말이다. 또한 나는 약 10여 년 동안 각각 다른 개인들의 회심을 위하여, 6~7년 동안은 다른 사람들을 위하여, 2~3년 동안은 또 다른 사람들을 위하여 쉬지 않고 날마다 기도해 왔다. 그러나 여전히 그 사람들에 관한 응답은 이루어지지 않고 있다. 한편 그러는 사이에 다른 수많은 기도는 상당히 많이 응답되었으며, 또한 내가 기도해 왔던 많은 영혼이 회심하기도 하였다."

"내가 하나님께 구하기만 하면 즉각적으로 응답을 받았다고 생각할 수도 있는 사람들의 유익을 위하여, 또는 내가 어떤 것에 관하여 기도하면 그 응답을 확실히 얻으리라 생각하는 사람들의 유익을 위하여 특별히 이 점을 강조하고자 한다. 어떤 사람이든 오직 하나님의 마음에 따라 기도할 때만 응답을 받으리라고 기대할 수 있다. 심지어 그럴 때라도 상당히 오랜 세월 동안 인내와 믿음을 훈련해 왔을지도 모른다. 지금까지 내가 언급해 온 문제에 관하여 나 역시도 그런 훈련을 받았으니까 말이다. 그런데도 나는 여전히 날마다 계속해서 기도하는 가운데 너무나 확실하게 응답을 기대하고 있기에 종종 나는 하나님이 확실하게 응답을 주실 것이라는 사실에 감사해 왔다. 비록 이제 19년 동안이나 이런 식으로 믿음과 인내를 훈련해 왔을지라도 말이다. 사랑하는 그리스도인들이여, 기도에 당신 자신을 내어주기 위하여 성실함으로 용기를 내라. 만약 당신이 오직 하나님의 영광만을 위하여 그런 것들을 구한다고 확실할 수 있는 경우라면 말이다."

"그러나 가장 놀라운 요점은 바로 이것이다. 곧 새로운 고아원을 준비하고 진척시키는 데 필요한 모든 수단을 위해 나는 6년 8개월 동안 기도했으며, 대개는 날마다 몇 차례씩 기도하면서 고아원사역을 확장하는 데 필요한 여러 가지 수단들을 나에게 제공해달라고 간청하였다. 1861년 봄에 진행된 계산에 따르면 거기에 대략 5만 파운드의 자금이 투입되었던 것으로 나타났는데 그게 지금까지 내가 지원받은 총액이었다. 내 마음속에 이처럼 그 일을 확장시키도록 꿈을 꾸게 하신 주님, 그를 향한 용기와 믿음을 나에게 불어넣어 주신 주님께 찬양과 영광을 올려드린다. 그리고 다른 무엇보다도 아무런 흔들림 없이 내 믿음을 지켜주신 주님께 찬양과 영광을 올려드린다."

"그 후원금 중에서 최종 금액을 받는 순간, 이처럼 거대한 액수를 향하여 나아가면서 단 한 푼의 기부금도 받지 못했을 때보다 그 전체적인 계획에 관하여 더 많이 확신했던 때는 없었다고 회고하게 되었다. 이제 나는 한 번 하나님의 마음을 배운 이후에 수백 명의 고아를 수용하는 두 개의 고아원이 이미 내 앞에 세워졌던 것처럼 하나님이 그 목적을 달성하실 것이라고 처음부터 충분히 확신하게 되었다."

"나는 이 주제와 관련해서 어린 신자들을 위하여 여기에 간략하게 몇 가지를 언급하고자 한다. 첫째, 주님을 섬기는 일이나 당신의 일터나 당신의 가정에서 새로운 조치를 취하고자 할 때 천천히 한 걸음씩 나아가면서 모든 사항을 꼼꼼히 면밀하게 따져보고 하나님을 경외하면서 거룩한 성경의 조명 아래 모든 것을 철저히 비춰보기 바란다. 둘째, 하나님의 마음을 확인하기 위하여 당신이 취하려고 하는 어떤 조치와 관련하여 당신 자신의 뜻은 조금도 구하지 말기 바란다. 그리하여 만약 하나님이 기뻐하면서 당신을 교훈하고자 하신다면 당신은 기꺼이 하나님의 뜻을 행하려 한다고 정직하게 고백하기 바란다. 셋째, 그러나 하나님의 뜻이 무엇인지를 파악하고 하나님의 도우심을 구하면서 간절하고 끈질기게, 인내심을 갖고 믿으면서 그 뜻을 구할 때 당신은 하나님의 때와 방법에 따라 분명히 그것을 얻게 될 것이다."

"우리가 단지 재정적인 부분에서만 어려움을 겪을 것으로 생각한다면 실수를 저지르게 될 것이다. 그 외에도 다른 수많은 부족한 것과 수많은 다른 어려움이 생겨난다. 아무런 어려움이나 부족함 없이 어느 하루를 그냥 지나가는 것은 굉장히 드문 일이다. 오히려 날마다 매번 극복해야 할 수많은 어려움과 수많을 필요가 언제나 도사리고 있다. 이 모든 것은 우리의 우주적인 치유책인 기도와 믿음으로 해결되어야 한다. 우리 주 예수님의 이름으로 하나님께 드려지는 끈질긴 믿음의 기도는 항상 그 즉시 축복을 가져오게 된다. 내가 하나님의 영광을 위하여, 그리고 어떤 실제적인 선을 위하여 그렇게 되리라고 확신할 수만 있다면 하나님의 은혜로 어떤 축복이든 받게 되리라는 사실을 확실히 믿어 의심치 않는다."

이처럼 조지 뮬러의 기도 응답 비밀은 단순했다. 오직 하나님의 영광만을 위하여 기도했다. 5만 번 이상 기도 응답을 받았다는 조지 뮬러의 기도처럼 당신도 하나님의 영광만을 위한 단순한 기도로 응답의 축복을 누리길 바란다. ■